英検®とは？

文部科学省後援　実用英語技能検定（通称：英検®）は，「読む・聞く・話す・書く」を総合的に測定する試験です。1963年に第1回検定が実施されて以来，日本社会の国際化に伴ってその社会的評価が高まり，現在では，学校・自治体などの団体を対象とした英語力判定テスト「英検IBA®」，子どもを対象としたリスニングテスト「英検Jr.®」を合わせると，年間約420万人が受験しています。大学入試や高校入試，就職試験でも，英語力を測るものさしとして活用されており，入試においての活用校も年々増えています。アメリカ，オーストラリアを中心に，海外でも英検®は，数多くの大学・大学院などの教育機関で，留学時の語学力証明資格として認められています（英検®を語学力証明として認定している海外の教育機関は英検®ウェブサイトに掲載されています）。

本書の使い方

本書は，2021年度第3回から2023年度第2回まで過去6回分の試験問題を掲載した，過去問題集です。**6回分すべてのリスニング問題CDがついています**ので，過去6回の本試験と同じ練習を行うことができます。また，リスニング問題の小問ごとにトラック番号を設定していますので，自分の弱点を知ること，そしてその弱点を強化するためにくり返し問題を聞くことができます。

　また本書では，**英検®で出題されやすい項目と単語・イディオム・口語表現**を，効率的に学習できるようまとめてあります。過去問題と併せて活用していただければ幸いです。

　英検®では，能力を公正に測定するという試験の性格上，各回・各年度ほぼ同レベルの問題が出されます。したがって，試験はある程度限定されたパターンをとることになりますので，過去の試験問題をくり返し解き，本試験へと備えてください。

　本書を利用される皆様が，一日も早く栄冠を勝ちとられますよう，心より祈念いたします。

　英検®，英検Jr.®，英検IBA®は，公益財団法人 日本英語検定協会の登録商標です。

CONTENTS

※解説中にある，空所を表す（　）以外の（　）は省略可能・補足説明，[　] は言い換え可能であることを表します。

本書は，原則として2024年1月10日現在の情報に基づいて編集しています。

3

2024年度　試験日程（本会場）

第1回	申込期間	2024年3月15日〜5月5日（書店は4月19日締切）
	試験日程	一次試験　2024年6月2日（日）
第2回	申込期間	2024年7月1日〜9月6日（書店は8月30日締切）
	試験日程	一次試験　2024年10月6日（日）
第3回	申込期間	2024年11月1日〜12月13日（書店は12月6日締切）
	試験日程	一次試験　2025年1月26日（日）

※1〜3級には二次試験（面接）があります。

※クレジットカード決済の場合，申込締切は上記の日付の3日後になります。

申込方法

① 個人申込

・特約書店・・・検定料を払い込み，「書店払込証書」と「願書」を必着日までに協会へ郵送。

・インターネット・・・英検®ウェブサイト（https://www.eiken.or.jp/eiken/）から申込。

・コンビニ申込・・・ローソン・ミニストップ「Loppi」，セブン-イレブン・ファミリーマート「マルチコピー機」などの情報端末機から申し込み。

問い合わせ先　公益財団法人 日本英語検定協会

℡ 03-3266-8311　英検®サービスセンター（個人受付）
（平日9:30〜17:00　土・日・祝日を除く）

② 団体申込

団体申込に関しましては各団体の責任者の指示に従ってお申し込みください。

成績表

成績表には合否結果のほかに，英検バンド，英検CSEスコアも表示されます。

●**英検バンド**　一次試験，二次試験の合格スコアを起点として，自分がいる位置を＋，－で示したものです。例えば，英検バンドの値が＋1ならばぎりぎりで合格，－1ならば，もう少しのところで合格だったということがわかります。

●**英検CSEスコア**　欧米で広く導入されている，語学能力のレベルを示すCEFR（Common European Framework of Reference for Languages）に関連づけて作られた，リーディング，リスニング，ライティング，スピーキングの4技能を評価する尺度で，英検®のテストの結果がスコアとして出されます。4技能それぞれのレベルと総合のレベルがスコアとして出されます。

スピーキングテストの受験期間

スピーキングテストは，英検®の申し込みをした当該回次の一次試験の合否結果閲覧可能日（一次試験実施日から約2週間後）から受験できます。利用終了日は，申し込みをした当該回次の二次試験（1～3級）実施日から1年を経過した日です。

※検定料，試験時間については，英検®ウェブサイトでご確認ください。

5級受験の注意点

解答用紙の記入についての注意

筆記試験，リスニングテストともに，別紙の解答用紙にマークシート方式で解答します。解答にあたっては，次の点に留意してください。

1 解答用紙には，はじめに氏名，生年月日などを記入します。生年月日はマーク欄をぬりつぶす指示もありますので，忘れずにマークしてください。

不正確な記入は答案が無効になることもあるので注意してください。

2 マークはHBの黒鉛筆またはシャープペンシルを使って「マーク例」に示された以上の濃さで正確にぬりつぶします。

解答の訂正は，プラスチックの消しゴムで完全に消してから行ってください。

3 解答用紙を汚したり折り曲げたりすることは厳禁です。また，所定の欄以外は絶対に記入しないでください。

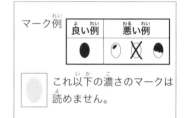

解 答 欄			
問題番号	1	2	3	4
(1)	①	②	③	④
(2)	①	②	③	④
(3)	①	②	③	④
(4)	①	②	③	④
(5)	①	②	③	④

マーク例

良い例	悪い例	
●	○ ✕ ◖	

これ以下の濃さのマークは読めません。

5級のめやすと試験の形式

● 5級のめやす

5級のレベルは中学初級程度で，初歩的な英語を理解し，それを使って表現できることが求められます。

〈審査領域〉

読む……初歩的な語句や文を理解することができる。
聞く……初歩的な語句や文を理解することができる。
話す……初歩的な内容についてやりとりすることができる。
書く……初歩的な語句や文を書くことができる。

●5級試験の内容と形式

5級は一次試験（筆記試験とリスニングテスト）とスピーキングテストがあります。一次試験ではまずはじめに筆記試験が行われ，その後にリスニングテストが行われます。スピーキングテストについてはp.9，15をご覧ください。

筆記（25問・25分）

筆記試験は，3つの大問で構成されており，問題数は25問です。この25問の問題を25分かけて解きます。

大問	内容	問題数
1	**短文の穴うめ問題** 短文または短い会話文を読み，文脈に合う適切な語句を補う。	15問
2	**会話文の穴うめ問題** 1〜1.5往復程度の会話文を読み，会話文中の空所に適切な文や語句を補う。	5問
3	**語句の並べかえ問題** （　）に与えられた語句を，日本文の意味を表すように並べかえる。語句は4つ与えられ，それらを並べかえた際に1番目と3番目にくる語句の組み合わせの番号をマークする。	5問

リスニング（25問・約20分）

　リスニングテストは，第1部〜第3部で構成されており，問題数は25問です。この25問の問題を約20分かけて解きます。

大問	内容	問題数
1	**会話の返事を選ぶ問題** 会話文を聞き，会話の最後の発話に対する応答として最も適切なものを補う。	10問
2	**会話の内容に関する質問** 会話文を聞き，会話の内容に関する質問に答える。	5問
3	**イラストの内容に関する質問** イラストを見ながら3つの英文を聞き，その中からイラストの内容を最もよく表しているものを1つ選ぶ。	10問

スピーキング（4問・約3分）

受験資格	一次試験の合否に関係なく，申込者全員が受験できる。
試験方法	面接委員と対面して行われるテストではなく，コンピューター端末を使った録音形式で実施される。自宅や学校のパソコン，スマートフォン，タブレット端末等から，インターネット上のスピーキングテストサイトにアクセスして受験する。
受験日	英検の申し込みをした当該回次の一次試験合否結果閲覧可能日から受験が可能になる。利用終了日は当該回次の二次試験日（1～3級）から1年を経過した日まで。
合否判定	5級認定については一次試験の結果のみで合否を判定する。スピーキングテストの結果は現状の級認定とは別に，「5級スピーキングテスト合格」として判定される。合否結果はパソコンを通して録音される解答を採点官が採点したうえ，後日通知される。

問	内容	問題数
	音読 画面上に，イラストとその内容を説明する20語程度の英文が示される。その英文を黙読したあと，音読する。	1問
No. 1, 2	**英文の内容に関する質問** 音読した英文の内容に関する英語の質問を聞き，それぞれの質問に対して英語で解答する。	2問
No. 3	**解答者自身に関する質問** 英文の内容に関連して解答者自身に関する質問を聞き，その質問に対して英語で解答する。質問は，英文の内容と関連しない場合もある。	1問

5級の傾向と対策

英検®は出題パターンがある程度決まっているため，過去の問題を何度も解いて傾向をつかめば，本番にも効果的。慣れてきたら，本番どおりの時間配分で解いてみよう。

筆記テスト

1 短文の穴うめ問題

★**出題傾向**

　短文や会話文の空所に適する語句を4つの選択肢から選び，英文を完成させる。

対策

- 重要単語・イディオム・文法の知識が問われる。
- 空所の前後だけでなく，文脈から判断して適切なものを選択することが必要である。
- 疑問詞で始まる疑問文や命令文への応答，決まり文句に注意。

2 会話文の穴うめ問題

★**出題傾向**

　1～1.5往復程度の会話文の空所に適する文や語句を4つの選択肢から選び，会話を完成させる。会話文は1往復の場合がほとんどである。

対策

- 相手の発言に対する応答の文を補充する形で選ぶ問題が多い。
- 依頼や許可を表す疑問文，口語表現の決まり文句には要注意。

3 語句の並べかえ問題

★出題傾向

日本文を読み，その意味に合うように英文の語句を並べかえる。4つの語句を並べかえ，その1番目と3番目の語句の組み合わせを4つの選択肢の中から選ぶ。

対策

- まず，肯定文・疑問文・否定文のどれに当てはまるかを考える。現在進行形・can・疑問詞を使った疑問文・命令文などの，どの文法が使われているかを考え，文の構造を判断しよう。
- 時や場所などを表す〈前置詞＋名詞〉やイディオムを含む文がしばしば出題されている。

筆記問題に共通するポイント

- 予想される場面・状況：家庭，学校，地域（各種店舗・公共施設を含む），電話など。
- 予想される話題：家族，友だち，学校，趣味，旅行，買い物，スポーツ，映画，音楽，食事，天気，道案内，自己紹介，休日の予定，近況報告などに関するもの。
- 中学校1年で習う単語・文法・あいさつなどの日常表現がわかるようにしておこう。

リスニングテスト

対策（全リスニング問題共通）

- 英文はすべて2回くり返して放送される。1回聞き逃しても焦らず，じっくり聞こう。
- 2回目を聞いてもわからなければ，すぐ次の問題に頭を切り換えよう。

【第1部】会話の返事を選ぶ問題

★出題傾向

　1文程度の英文と1文程度の応答文から成る，1往復の会話文。英文に対し，3つの選択肢から最も適切な応答文を選ぶ形式である。英文・選択肢はすべて音声で，問題用紙には会話の内容を表す補助イラストのみがある。

「疑問文」－「答えの文」の組み合わせだけでなく，あいさつなどの日常会話も出題される。

●放送されるもの

　英文→選択肢の順に，問題ごとに2度読まれる。

対策

- 放送文が流れる前
  →問題用紙のイラストを見て，会話の場面を想像しよう。
- 英文・選択肢1回目
  →それぞれの質問や発話に対してどのように応答すると考えられるか，状況を想像しながら放送を聞こう。英文は短く，メモを取るよりも最初から集中して聞くことが大切。
- 英文・選択肢2回目
  →聞き逃した内容を補い，答えの確認をしよう。

【第2部】 会話の内容に関する質問

★出題傾向

男女の会話を聞き，その内容に関する質問の答えを4つの選択肢から選ぶ形式。会話文・質問文はすべて音声で，問題用紙には選択肢のみがある。

●放送されるもの

会話→質問文の順に，問題ごとに2度読まれる。

対策

- **放送文が流れる前**
  →問題用紙の選択肢を読んで，質問される事柄を想像しよう。疑問詞で始まる質問文が多い。
  →問題用紙の4つの選択肢から，人物・物・事柄・場所・時刻・数 [金額]・色など，ポイントになりそうな事柄を把握しておく。
- **会話・質問文1回目**
  →状況や会話の内容を把握する。選択肢と同じような内容・表現の部分は，特に注意して聞く。1往復程度の短い会話文なので，メモを取るよりも最初から集中して聞くことが大切。質問文をしっかり聞き取り，2回目の放送で答えを確認できるようにしよう。
  →会話に人物や場所，時間を表す語句が複数含まれる場合は，だれがいつ何をしたか [するか] を聞き分けよう。
  →選択肢がどちらの人物の発話なのかをよく考えよう。
- **会話・質問文2回目**
  →聞き逃した部分を補う。1回目で聞き取った質問の内容と会話文を照らし合わせながら，答えを確認しよう。

【第３部】イラストの内容に関する質問

★出題傾向

　３つの英文を聞き，その中からイラストの内容を最もよく表しているものを選ぶ形式。英文［選択肢］はそれぞれ１文程度の短文。問題用紙には英文の内容を表す補助イラストのみがある。

●放送されるもの

　英文［選択肢］が２度読まれる。

対策

- 第３部は選択肢のみが読み上げられる形式。読まれる英文が選択肢そのものであることに注意しよう。
- 放送文の前に問題用紙のイラストを見て，英文の内容を想像しよう。
- メモを取るのではなく，放送に集中しよう。
- 放送文に人物や場所，時間を表す語句が複数含まれる場合は，だれがいつ何をしたか［するか］を聞き分けよう。

スピーキングテスト

★出題傾向

　身近な場面を表すイラストが用いられる。質問内容は，イラストに描かれている人物やものについて問うものと，イラストの内容に関連して解答者自身のことを答えるもの（例えば，イラストにバナナの絵が描かれていれば，What fruit do you like?「あなたはどんなくだものが好きですか」など）である。

対策

- 音読では，特に速く読もうとせずに，はっきり発音するように心がけよう。
- 「だれ」「何」「いつ」「どこで」「どのように」の基本的な質問内容のほか，「年齢」「時間」「数」「色」などをたずねる表現に慣れておこう。
- イラストに描かれている人やもの・動物などを含む文について，「時」「場所」「手段」などを表す語句に注意して音声を聞こう。
- 自分の趣味，好きなものやこと（食べ物，スポーツ，季節など），ふだんしていることなどについて，英語で簡単に説明できるようにしておこう。
- 英検®ウェブサイトでスピーキングテストのサンプル問題が公開されているので，受験前に見て，実際の試験がどのようなものかよく確認しておこう。

15

※スピーキングに関する音声は，本書CDには収録されていません。

Lucy and a Park

Lucy's house is near a park. The park is beautiful. Lucy plays tennis in the park with her brother. Lucy likes the park.

※上記四角の枠内が受験者に画面上で提示される情報です。

【質問】
（下記質問の前に，パッセージ（英文）の黙読・音読タスクが課されます）

No. 1　Please look at the passage. Where is Lucy's house?

No. 2　What does Lucy do in the park?

No. 3　What sport do you like?

※実際の画面はカラーです。

訳 ルーシーと公園

　ルーシーの家は公園の近くにあります。その公園はきれいです。ルーシーはその公園でお兄さんとテニスをします。ルーシーはその公園が好きです。

質問の訳

No. 1　本文を見てください。ルーシーの家はどこにありますか。

No. 2　ルーシーは公園で何をしますか。

No. 3　あなたはどんなスポーツが好きですか。

読むときの注意

　大事な内容が相手に伝わるように，下線の部分を強く読む。特に速く読む必要はないが，ゆっくり，はっきりと読もう。

　Lucy's <u>house</u> is <u>near</u> a <u>park</u>.　The <u>park</u> is <u>beautiful</u>.　Lucy plays <u>tennis</u> in the <u>park</u> with her <u>brother</u>.　Lucy <u>likes</u> the park.

No.1　解答例　It is near a park.

解答例の訳　それは公園の近くにあります。

解説 質問のWhere is 〜?はどこにあるのかをたずねる表現。最初の文Lucy's house is near a park.から，ルーシーの家は公園の近くにあることがわかる。

No. 2　解答例　She plays tennis.

解答例の訳　彼女はテニスをします。

解説 質問のdoは「する」という意味の動詞。3つめの文Lucy plays tennis in the park with her brother.からルーシーが公園ですることがわかる。Lucyは女性の名前なので，Sheに直して答える。

No. 3　解答例　I like soccer.

解答例の訳　私はサッカーが好きです。

解説 質問のWhat sportは「どんな〔何の〕スポーツ」という意味で，好きなスポーツをたずねている。youでたずねているのでIを使い，I like 〜.「私は〜が好きだ」の形で答える。

※スピーキングに関する音声は，本書CDには収録されていません。

Bob's Friend

Bob has a good friend. His name is Ken. Ken is from Japan. Ken likes swimming, and he likes summer.

※上記四角の枠内が受験者に画面上で提示される情報です。

【質問】
（下記質問の前に，パッセージ（英文）の黙読・音読タスクが課されます）

No. 1　Please look at the passage. Who is Ken?

No. 2　Where is Ken from?

No. 3　Which season do you like?

※実際の画面はカラーです。

訳 ボブの友だち

　ボブには仲のよい友だちがいます。彼の名前はケンです。ケンは日本の出身です。ケンは泳ぐのが好きで，夏が好きです。

質問の訳

No. 1　本文を見てください。ケンとはだれですか。

No. 2　ケンはどこの出身ですか。

No. 3　あなたはどの季節が好きですか。

読むときの注意

　大事な内容が相手に伝わるように，下線の部分を強く読む。特に速く読む必要はないが，ゆっくり，はっきりと読もう。

Bob has a good friend.　His name is Ken.　Ken is from Japan.　Ken likes swimming, and he likes summer.

No.1　解答例　He is Bob's good friend.

解答例の訳 彼はボブの仲のよい友だちです。

解説 質問のWho is ～?は人の名前やどのような関係の人かをたずねる表現。最初の2つの文Bob has a good friend. His name is Ken.から，ボブには仲のよい友だちがいて，その名前がケンであることがわかるので，「ケンはボブの仲のよい友だちだ」という内容で答える。

No. 2　解答例　He is from Japan.

解答例の訳 彼は日本の出身です。

解説 fromは「～の出身で」という意味。3つめの文Ken is from Japan.からケンは日本の出身であることがわかる。He is from ～.の形で答える。

No. 3　解答例　I like spring.

解答例の訳 私は春が好きです。

解説 質問のWhich seasonは「どの季節」という意味で，好きな季節をたずねている。youでたずねているのでIを使い，I like ～.「私は～が好きだ」の形で答える。季節名はしっかり覚えておこう。

※ 20ページから44ページは付属の赤シートで答えや意味などをかくして取り組みましょう。

重要な語句・表現1 | 名詞・代名詞

人やものの名前を表す名詞は，毎回必ず出題される。学校や家族，食べ物，乗り物など，ふだんの生活でよく使うことばを覚えておこう。名詞の代わりに使われる代名詞では，性別や形の使い分けに注意しよう。

・練習問題・ （　　）に入る語句を選びなさい。

1　What （ **4** ）do you like, Carol? ― I like red.

1 flower　　**2** food　　**3** sport　　**4** color

訳 「キャロル，あなたは何色が好きですか。― 私は赤が好きです。」

解説 好きな色をred「赤」と答えているので，color「色」を選ぶ。

2　Kenji usually eats （ **3** ）for breakfast.

1 money　　**2** coffee　　**3** bread　　**4** water

訳 「ケンジはたいてい朝食にパンを食べます。」

解説 朝食（breakfast）に食べるものとしてふさわしいのは，bread「パン」。

3　（ **3** ）is the tenth month of the year.

1 December　　　　　　**2** September

3 October　　　　　　**4** November

訳 「10月は1年の10番目の月です。」

解説 10番目の月＝「10月」で，Octoberが正解。月の名前はすべて正しいつづりで書けるようにしよう。

4　Takashi drinks a （ **2** ）of coffee every morning.

1 dish　　**2** cup　　**3** hand　　**4** mouth

訳 「タカシは毎朝コーヒーを1杯飲みます。」

解説 a cup of 〜「カップ1杯の〜」。coffeeなどの飲み物は，飲むのに使う容器を単位として数えることができる。

5 There are a lot of (**1**) in the garden.

   1 flowers   **2** houses   **3** windows   **4** parks

訳「庭にたくさんの花が咲いています。」

解説 in the garden「庭に」という場所から考えて, flowers「花」が正解。

6 Do you know Nana and Miyuki? — Yes. I know (**4**) very well.

   1 her   **2** it   **3** us   **4** them

訳「ナナとミユキを知っていますか。— はい。私は彼女たちをとてもよく知っています。」

解説 NanaとMiyukiの2人を受ける代名詞は, 3人称複数のthey。この文ではknow「〜を知っている」という動詞の後に置くので, them「彼(彼女)らを」の形が正しい。

7 Is this Anne's hat? — No. It's (**4**).

   1 hers   **2** her   **3** my   **4** mine

訳「これはアンの帽子ですか。— いいえ, それは私のです。」

解説「(彼女のではなく)私のです」となるように, mine「私の(もの)」を入れる。

8 How much is this doll? — It's two (**3**) yen.

   1 money   **2** tickets   **3** thousand   **4** meters

訳「この人形はおいくらですか。— 2,000円です。」

解説 人形の値段を答えるので, thousand「1000, 千」を入れる。「2,000円」はtwo thousand yenと表し, thousandやyenには-sをつけない。

9 Look at that boy. (**3**) name is Steve.

   1 He   **2** He's   **3** His   **4** Him

訳「あの男の子を見て。彼の名前はスティーブです。」

解説 直後にname「名前」と名詞があるので, 名詞の前に置いて「彼の」という意味を表すHisを入れる。

10 We have much (**1**) in September in Japan.

   1 rain   **2** rains   **3** raining   **4** rainy

訳「日本では9月にたくさんの雨が降ります。」

解説 We have rain.で「雨が降る」という意味を表す。このrainは「雨」という意味の名詞。数えられない名詞なので複数形にしない。

重要な語句・表現2 | 動詞

is, am, are などのbe動詞は, 主語と名詞や形容詞をイコールの関係で結ぶ。また, 一般動詞は人の行動や状態を表し, 主語が3人称単数で現在のことを言う場合はsがつく。

●練習問題● ( ) に入る語句を選びなさい。

1 (**2**) your father at home now?

   1 Am   **2** Is   **3** Are   **4** Be

訳 「あなたのお父さんは今ご在宅ですか。」

解説 主語のyour fatherが3人称(I「私」, you「あなた」以外の人・ものすべて)で単数なので, be動詞の形はIs。

2 Mike likes hamburgers. They (**2**) his favorite food.

   1 be   **2** are   **3** is   **4** am

訳 「マイクはハンバーガーが好きです。それらは彼の大好物です。」

解説 Theyは最初の文に出てくるhamburgersを指す。They(3人称複数)の後に続くbe動詞はare。

3 My sister (**2**) piano lessons every Wednesday.

   1 drinks   **2** takes   **3** writes   **4** draws

訳 「私の姉[妹]は毎週水曜日にピアノのレッスンを受けます。」

解説 主語のMy sisterが3人称単数なので, この後に続く動詞にはsがつく。take a piano lessonで「ピアノのレッスンを受ける」という意味。

4 What time does the concert (**3**)? — At seven.

   1 sing   **2** move   **3** start   **4** wear

訳 「コンサートは何時に始まりますか。— 7時です。」

解説 「コンサートに関する時刻」が話題なので, 正解はstart「始まる」。

5 Peter (**1**) swimming in the sea in summer.

    1 goes   **2** sees   **3** meets   **4** gives

訳 「ピーターは夏になると海へ泳ぎに行きます。」

解説 go swimmingで「泳ぎに行く」。主語が3人称単数なのでgoes。

6 I love chocolate, but my brother (**3**).

    1 isn't   **2** don't   **3** doesn't   **4** aren't

訳 「私はチョコレートが大好きですが, 兄［弟］は好きではありません。」

解説 but「しかし」を使って, Iとmy brotherの違いを述べている。空所はbutの後にあり, 主語 my brother が3人称単数なので, 否定の意味を表すdoesn't「〜ない」が正解。

7 Andy, (**3**) play soccer in the garden.

    1 does   **2** did   **3** don't   **4** didn't

訳 「アンディ, 庭でサッカーをしてはだめよ。」

解説 〈don't＋動詞のもとの形〉で「〜してはいけません」という禁止を表す。

8 They (**2**) my shoes. They're my father's.

    1 are   **2** aren't   **3** do   **4** don't

訳 「それらは私のくつではありません。それらは私の父のものです。」

解説 あとの文でだれのくつかを言っているので, 前半の文は「私のくつではありません」という否定文にする。shoesは複数形なのでareを使う。

9 There (**1**) some water in the glass.

    1 is   **2** are   **3** do   **4** does

訳 「グラスの中にはいくらかの水があります。」

解説 There is[are] 〜.「(場所)に〜がある」の文。waterは数えられない名詞で単数扱いなので, isを入れる。

10 Jane (**3**) her homework before dinner.

    1 is   **2** gets   **3** does   **4** takes

訳 「ジェーンは夕食の前に宿題をします。」

解説 「〜をする」という意味の一般動詞do[does]を使う。疑問文や否定文で使うdo[does]と区別しよう。

重要な語句・表現3 | 形容詞・副詞

happy「幸せな」やrainy「雨降りの」など，人やものごとのようすを表すのが形容詞。副詞は動詞や形容詞を修飾する働きをする。

●練習問題● （　）に入る語句を選びなさい。

1　Our new office is very （ **4** ）.　About two thousand people are working there.

1 long　　　**2** yellow　　　**3** fast　　　**4** big

訳「私たちの新しいオフィスはとても大きいです。約2千人がそこで働いています。」

解説　2番目の文からオフィスが「大きい」ことがわかるので，正解はbig。

2　It's （ **3**) today.　Let's go to the mountains.

1 rainy　　　**2** new　　　**3** sunny　　　**4** high

訳「今日はよく晴れています。山に行きましょう。」

解説「山に行く」(go to the mountains)のにふさわしい天気は，sunny「よく晴れた」。

3　Do you （ **1**) go to the sea, Sarah? — Yes.　I love the sea.

1 often　　　**2** very　　　**3** up　　　**4** much

訳「サラ，あなたはよく海へ行きますか。— はい。私は海が大好きです。」

解説「海へ行く」頻度・回数を表す副詞として，often「しばしば」を入れる。

4　How （ **3**) is your brother? — About 180 centimeters.

1 many　　　**2** old　　　**3** tall　　　**4** much

訳「あなたのお兄[弟]さんは身長はどれくらいですか。— 約180センチです。」

解説　人の身長を表す形容詞はtall「背が高い，背の高さが〜で」。

5   This is a nice park. Let's eat lunch (**2**).

    1 this   **2** here   **3** that   **4** there

訳「ここはすてきな公園です。ここで昼食を食べましょう。」

解説「今いる公園で昼食を食べましょう」ということなので,「ここで」の意味の
hereを入れる。

6   Don't be (**2**) for school.

    1 slow   **2** late   **3** fast   **4** early

訳「学校に遅刻してはいけないよ。」

解説 lateは「遅れている,遅い」という意味。be late for 〜で「〜に遅刻す
る」という意味を表す。

7   Nancy can sing songs very (**4**).

    1 good   **2** much   **3** nice   **4** well

訳「ナンシーはとても上手に歌を歌うことができます。」

解説 sing songs「歌を歌う」を説明する語として適切なのはwell「上手に」。

8   We (**3**) visit the old city.

    1 little   **2** much   **3** sometimes   **4** up

訳「私たちはときどきその古い都市を訪れます。」

解説 visit「訪れる」を説明する語として適切なのはsometimes「ときどき」。
sometimesのように頻度を表す副詞は一般動詞の前に置くのが基本。

重要な語句・表現4 | 疑問文

「〜ですか」とたずねるのが疑問文。否定文と同じく，形がやや複雑になるため，並べかえ問題によく出題される。be動詞と一般動詞では，疑問文の作り方が違うので，ここで基本形をしっかり覚えよう。

●練習問題● （　）に入る語句を選びなさい。

1 （ **3** ） you Mrs. Green? — Yes, I am.

    1 Am   **2** Is   **3** Are   **4** Be

訳「あなたはグリーンさんですか。— はい，そうです。」

解説 主語がyou（2人称）なので，be動詞の形はAre。

2 （ **4** ） your uncle live in Tokyo? — No.　He lives in Akita.

    1 Are   **2** Is   **3** Do   **4** Does

訳「あなたのおじさんは東京に住んでいるのですか。— いいえ。彼は秋田に住んでいます。」

解説 主語はyour uncleで3人称単数。疑問文は〈Does＋主語＋動詞のもとの形〜?〉となる。

3 （ **4** ） is the weather in Tokyo today? — It's rainy.

    1 When   **2** What   **3** Where   **4** How

訳「今日の東京のお天気はどうですか。— 雨が降っています。」

解説 天気をたずねるときは，〈How is the weather 〜?〉で表す。

4 Excuse me. （ **3** ） is the bookstore? — It's over there.

    1 When   **2** How   **3** Where   **4** What

訳「すみません。本屋はどこでしょうか。— あそこにあります。」

解説 〈Where is 〜?〉で「〜はどこにありますか」と場所をたずねる言い方。

5　What (　**3**　) is it now? — It's four o'clock.

　　1　date　　　**2**　hour　　　**3**　time　　　**4**　clock

　　訳　「今何時ですか。— ４時です。」

　　解説　What time is it?で現在の時刻をたずねる言い方になる。timeは「時間」の意味。

6　How (　**2**　) DVDs do you have? — About fifty.

　　1　much　　　**2**　many　　　**3**　old　　　　**4**　tall

　　訳　「あなたはDVDを何枚持っていますか。— 約50枚です。」

　　解説　〈How many＋名詞の複数形 ～?〉で数をたずねる疑問文になる。

7　(　**4**　) bike is yours? — This new one.

　　1　What　　　**2**　Who　　　**3**　Whose　　　**4**　Which

　　訳　「どの自転車があなたのものですか。— この新しいのです。」

　　解説　いくつか［２つ］あるもののうちのどれ［どちら］かをたずねるときにはwhichを使う。答えの文のoneはbike「自転車」をさしている。

8　(　**4**　) Sam at home now?

　　1　Do　　　**2**　Does　　　**3**　Are　　　**4**　Is

　　訳　「サムは今, 家にいますか。」

　　解説　主語Samの後に動詞がないので, be動詞の疑問文。Samに合わせてIsを入れる。この場合のbe動詞は「いる」という意味。

9　(　**4**　) music do you like?

　　1　How　　　**2**　Who　　　**3**　When　　　**4**　What

　　訳　「あなたはどんな音楽が好きですか。」

　　解説　Whatの後に名詞を置くと, 「何の［どんな］～」という意味になる。

重要な語句・表現5 ┃ can の文

canは動詞のすぐ前に置かれ，「〜できる」という意味を表す。また，「〜してもいいですか」と許可を求めるときにも使われ，会話には欠かせない表現である。

●練習問題● （　）に入る語句を選びなさい。

1　I（　**3**　）this song.

 1　do sing **2**　am sing **3**　can sing **4**　sing can

 訳　「私はこの歌を歌うことができます。」

 解説　「〜することができる」は〈can＋動詞のもとの形〉で表す。

2　Kerry（　**1**　）the guitar very well.

 1　can play **2**　can plays **3**　can playing **4**　cans play

 訳　「ケリーはギターをとても上手に弾くことができます。」

 解説　主語が何であってもcanの形は変わらず，後に動詞のもとの形が続く。

3　（　**2**　）speak French? — Yes, a little.

 1　Do you can **2**　Can you **3**　Are you can **4**　Can do you

 訳　「あなたはフランス語を話せますか。— はい，少し。」

 解説　canを使った疑問文の形は，〈Can＋主語＋動詞のもとの形〜?〉。

4　Does your grandmother use a computer? — No.　She（　**2**　）it.

 1　can't uses   **2**　can't use

 3　does can't use   **4**　doesn't can use

 訳　「あなたのおばあさまはコンピューターを使いますか。— いいえ。彼女はそれを使うことができません。」

 解説　canの否定形（〜できない）は〈can't＋動詞のもとの形〉。

5 (**4**) take pictures here? — Yes, you can.

   1 Am I   **2** Do I   **3** Can you   **4** Can I

  訳 「ここで写真を撮ってもいいですか。— はい, いいですよ。」

  解説 Can I ~?は「~してもいいですか」と許可を求める表現としても使う。

6 (**3**) help me? — Sure.

   1 Are you   **2** Do you   **3** Can you   **4** Can I

  訳 「手伝ってくれますか。— もちろんです。」

  解説 Can you ~?は「~してくれませんか」と相手にお願いする表現としても使う。

7 (**2**) eat this apple. — Thank you.

   1 You are   **2** You can   **3** I can   **4** I do

  訳 「あなたはこのリンゴを食べてもいいですよ。— ありがとう。」

  解説 canには「~してもよい」という意味もある。Can I ~?は許可を求めるとき, You can ~.は相手に許可を与えるときに使う。

重要な語句・表現 6 | 現在進行形

現在進行形は，〈be動詞＋動詞の〜ing形〉の形で，「(今) 〜しているところだ」という意味を表す。be動詞の形は，主語によって変化する。

●練習問題● （　）に入る語句を選びなさい。

1　My brother is (**4**) a book in his room.

　1　reads　　**2**　to read　　**3**　read　　**4**　reading

訳　「私の兄 [弟] は部屋で本を読んでいます。」

解説　〈be動詞＋〜ing形〉で，「〜している」という現在進行中の動作を表す。

2　Tom is (**3**) to music now.

　1　cooking　**2**　speaking　**3**　listening　**4**　seeing

訳　「トムは今音楽を聴いています。」

解説　listen to musicで「音楽を聴く」という意味を表すので，listening (listenの〜ing形) を選ぶ。

3　Is your mother (**2**) dinner in the kitchen? — Yes, she is.

　1　playing　　**2**　cooking　　**3**　writing　　**4**　washing

訳　「あなたのお母さんは台所で夕食を作っていますか。— はい。」

解説　現在進行形の疑問文は，〈be動詞＋主語＋〜ing形 ...?〉の形。

4　(**2**) Bill painting a picture? — In the park.

　1　Where　**2**　Where is　**3**　Where are　**4**　Where does

訳　「ビルはどこで絵を描いていますか。— 公園です。」

解説　〈Where＋be動詞＋主語＋〜ing形 ...?〉の語順。

5 Mika (**1**) TV now.

   1 isn't watching   **2** doesn't watching

   3 aren't watching   **4** not watching

訳「ミカは今, テレビを見ていません。」

解説 現在進行形の否定文はbe動詞のあとにnotを置いて,〈be動詞＋not＋
～ing形〉で表す。

6 Who (**4**) the piano? ― My mother is.

   1 play   **2** plays

   3 can play   **4** is playing

訳「だれがピアノをひいているのですか。― 私の母です。」

解説 isを使って答えているので, 同じisを使う疑問文を考える。My mother
isの後にplaying the pianoが省略されている。

7 What (**3**) doing? ― I'm reading a book.

   1 am I   **2** do you

   3 are you   **4** can you

訳「あなたは何をしているのですか。― 私は本を読んでいます。」

解説 am readingと現在進行形で答えているので, 現在進行形の疑問文にす
る。この場合のdoは「する」という意味で, 相手が今していることは何かをたずね
ている。

8 Tom and Mike (**2**) soccer now.

   1 isn't playing   **2** aren't playing

   3 watching   **4** not watching

訳「トムとマイクは今, サッカーをしていません。」

解説 現在進行形の否定文。主語が「トムとマイク」で複数なのでbe動詞はare
を使う。

重要な語句・表現7 ｜ いろいろな熟語

2つ以上の単語を組み合わせた熟語は，ふだんの生活でもよく使われていて，英検®でも毎回必ず出題される。基本的な熟語の形と使い方をチェックしておこう。

●練習問題● （　）に入る語句を選びなさい。

1 Maki usually plays the piano （ **2** ） the evening.

1 on 　　 **2** in 　　 **3** of 　　 **4** to

訳 「マキはたいてい夕方にピアノを弾きます。」

解説 in the evening「夕方に，晩に」 **関連熟語** in the morning「朝に，午前中に」/ in the afternoon「午後に」

2 Do you have a computer （ **2** ） home, Rika? ― Yes. It's new.

1 on 　　 **2** at 　　 **3** to 　　 **4** from

訳 「リカ，きみは自宅にコンピューターを持ってるの？ ― ええ。新しいのよ。」

解説 at home「自宅に，家で」

3 （ **2** ） at the blackboard, students.

1 Walk 　　 **2** Look 　　 **3** Watch 　　 **4** Run

訳 「生徒の皆さん，黒板を見なさい。」 **解説** look at ～「～を見る」

4 Mary usually gets （ **4** ） around seven.

1 to 　　 **2** on 　　 **3** with 　　 **4** up

訳 「メアリーはいつも7時ごろに起きます。」 **解説** get up「起きる，起床する」

5 It's ten thirty, Tom. （ **2** ） to bed.

1 Make 　　 **2** Go 　　 **3** Open 　　 **4** Live

訳 「トム，10時30分よ。寝なさい。」 **解説** go to bed「寝る，床につく」

6 Where does Alan come （ **4** ）? ― Australia.

1 in 　　 **2** on 　　 **3** to 　　 **4** from

訳 「アランはどこの出身ですか。 ― オーストラリアです。」

解説 come from ～「～の出身である」 be from ～もほぼ同じ意味。

7　My father loves music. He has a lot (　**1**　) CDs.
　1　of　　　　**2**　over　　　　**3**　about　　　　**4**　in

訳　「私の交は音楽が大好きです。彼はCDをたくさん持っています。」

解説　a lot of ～「たくさんの～」　a lot of ～は数えられる名詞と数えられない名詞のどちらにも使える。a lot of books「たくさんの本」/ a lot of water「たくさんの水」

8　Can I have a (　**3**　) of tomato juice, Mom? ― Yes, here you are.
　1　mouth　　　**2**　dish　　　　**3**　glass　　　　**4**　hand

訳　「ママ, トマトジュースを1杯もらえる? ― はい, どうぞ。」

解説　a glass of ～「コップ1杯の～」　関連熟語 a cup of ～「カップ1杯の～」

9　I go to the school library (　**2**　) afternoon.
　1　last　　　　**2**　every　　　　**3**　little　　　　**4**　much

訳　「私は毎日午後に学校の図書館に行きます。」

解説　every afternoon「毎日午後に」　関連熟語 every morning「毎朝」/ every night「毎晩」

10　Let's play tennis (　**1**　) school. ― OK.
　1　after　　　**2**　of　　　　**3**　to　　　　　**4**　with

訳　「放課後, テニスをしようよ。― いいよ。」

解説　after school「放課後」

11　Hello, Jack. ― Hello, Becky. Please (　**2**　) down.
　1　stand　　　**2**　sit　　　　**3**　talk　　　　**4**　cook

訳　「こんにちは, ジャック。― こんにちは, ベッキー。座ってください。」

解説　sit down「座る」⇔stand up「立ち上がる, 起立する」

12　I watched the baseball game (　**4**　) TV last night.
　1　of　　　　**2**　by　　　　　**3**　in　　　　　**4**　on

訳　「私は昨夜, テレビでその野球の試合を見ました。」

解説　on TV「テレビで」

重要な語句・表現8 | いろいろな会話表現

日常会話でよく使われる会話の決まり文句は，筆記試験だけでなく，リスニングテストでもよく出題される。声に出しながらまるごと覚えてしまうのが早道だ。

・練習問題・（　）に入る文を選びなさい。

1　Are you going home? ― Yes, I am.　（　**4**　）

  1　All right.　　　　　　　　**2**　Don't worry.

  3　You're fine.　　　　　　　**4**　See you.

  訳　「きみは家に帰るところかい？ ― ええ。それじゃね。」

  選択肢の訳　**1**　わかった，いいよ。　**2**　心配しないで。　**3**　あなたは元気です。

  4　それじゃね。

2　Anne, this is my brother Akio. ― （　**1**　）, Akio.　I'm Anne.

  1　Nice to meet you　　　　**2**　Have a nice day

  3　That's all right　　　　　**4**　I'm sorry

  訳　「アン，こちらは私の兄［弟］のアキオです。― お会いできてうれしいです，アキオ。私はアンです。」

  選択肢の訳　**1**　お会いできてうれしいです，はじめまして　**2**　どうぞよい1日をお過ごしください　**3**　大丈夫です　**4**　ごめんなさい

3　Thank you for your help. ― （　**4**　）

  1　How about you?　　　　　**2**　That's great.

  3　Excuse me.　　　　　　　**4**　You're welcome.

  訳　「助けていただいてありがとうございます。― どういたしまして。」

  選択肢の訳　**1**　あなたはいかがですか。　**2**　それはよかったです。

  3　すみません。　**4**　どういたしまして。

4 How do you come to school, Ms. Green? － (**2**)

1 At 7:00. **2** By bike.

3 From Australia **4** About an hour.

訳 「グリーン先生,あなたはどのようにして学校まで来るのですか。
— 自転車でです。」

選択肢の訳 **1** ７時00分です。 **2** 自転車でです。 **3** オーストラリアから来ました。 **4** 約１時間です。

5 Excuse me. Where is the post office? － (**2**)

1 It's two thirty. **2** It's over there.

3 Of course. **4** No, it isn't.

訳 「すみません。郵便局はどこにありますか。— あそこにあります。」

選択肢の訳 **1** ２時30分です。 **2** あそこにあります。 **3** もちろんです。

4 いいえ,そうではありません。

6 Can I have some cookies, Mom? － (**1**).

1 Sure. **2** I'm OK.

3 Yes, they are. **4** It's cold today.

訳 「ママ,クッキーを少し食べてもいい。— ええ,いいわよ。」

選択肢の訳 **1** ええ,いいわよ。 **2** 私はだいじょうぶよ。 **3** ええ,そうよ。

4 今日は寒いわ。

7 Don't run in the classroom, Minoru. － (**4**), Mr. White.

1 That's good **2** Look at this

3 No, I can't **4** I'm sorry

訳 「ミノル,教室の中を走ってはだめだよ。— すみません,ホワイト先生。」

選択肢の訳 **1** それはいいですね **2** これをご覧なさい **3** いいえ,私には
できません **4** すみません

5級で出る重要単語

☛ 数字

one	1	two	2	three	3
four	4	five	5	six	6
seven	7	eight	8	nine	9
ten	10	eleven	11	twelve	12
thirteen	13	fourteen	14	fifteen	15
sixteen	16	seventeen	17	eighteen	18
nineteen	19	twenty	20	hundred	100
thousand	1000				

☛ 時に関する基本単語

曜日

Sunday	日曜日	Monday	月曜日	Tuesday	火曜日
Wednesday	水曜日	Thursday	木曜日	Friday	金曜日
Saturday	土曜日				

月

January	1月	February	2月	March	3月
April	4月	May	5月	June	6月
July	7月	August	8月	September	9月
October	10月	November	11月	December	12月

季節

spring	春	summer	夏	fall / autumn	秋
winter	冬				

時の長さの単位など

year	年	month	月	week	週
day	日	morning	朝・午前	afternoon	午後
evening	夕方・晩	night	夜		

☞ 家族に関する基本単語

mother	母親	father	父親	mom	お母さん
dad	お父さん	sister	姉，妹	brother	兄，弟
grandmother	祖母	grandfather	祖父		
grandma	おばあちゃん	grandpa	おじいちゃん		
aunt	おば	uncle	おじ	family	家族
parents	両親	home	家庭，家に［へ］		

☞ 家の中・身の回りに関する基本単語

house	家	garden	庭	room	部屋
door	ドア	wall	壁	window	窓
chair	いす	table	テーブル	bed	ベッド
desk	机	pencil	鉛筆	eraser	消しゴム
notebook	ノート	book	本	textbook	教科書
dictionary	辞書	map	地図	bag	かばん
telephone	電話	TV	テレビ	radio	ラジオ
newspaper	新聞	camera	カメラ		
picture	写真，絵	computer	コンピューター		
letter	手紙	ticket	切符，チケット		
e-mail	電子メール				

☛ 学校・勉強に関する基本単語

school	学校	classroom	教室	student	生徒
teacher	先生	friend	友だち	classmate	クラスメート
class	授業，クラス	club	クラブ	subject	科目
English	英語	Japanese	日本語，国語	math	数学
science	理科，科学	social studies	社会	history	歴史
P.E.	体育	art	美術	music	音楽
homework	宿題	the Internet	インターネット		

☛ 食事に関する基本単語

water	水	milk	牛乳	coffee	コーヒー
tea	紅茶，茶	juice	ジュース	sugar	砂糖
ice	氷	rice	米，ごはん	bread	パン
sandwich	サンドイッチ		hamburger	ハンバーガー	
soup	スープ	salad	サラダ	tomato	トマト
fruit	果物	orange	オレンジ	grape	ぶどう
apple	りんご	meat	肉	fish	魚
egg	たまご	breakfast	朝食	lunch	昼食
dinner	夕食	cake	ケーキ	pie	パイ
cookie	クッキー	restaurant	レストラン	kitchen	台所，キッチン

☞ 暮らし（交通・町・自然）に関する基本単語

car	車	bus	バス	train	電車
plane	飛行機	bike	自転車	park	公園
station	駅	airport	空港	street	通り
shop	店	store	店	bookstore	本屋，書店
library	図書館	hospital	病院	post office	郵便局
museum	美術館	theater	劇場，映画館	zoo	動物園
river	川	lake	湖	sea	海
beach	海辺，浜	mountain	山	flower	花
tree	木	animal	動物		

☞ 職業に関する基本単語

pilot	パイロット	doctor	医者	driver	運転手
baseball player	野球の選手			singer	歌手

☞ 趣味（スポーツ・音楽）に関する基本単語

hobby	趣味	sport	スポーツ	soccer	サッカー
tennis	テニス	baseball	野球	basketball	バスケットボール
game	試合	music	音楽	guitar	ギター
piano	ピアノ	violin	バイオリン	flute	フルート
concert	コンサート	drum	ドラム		

☛ 天気・気候に関する基本単語

weather	天気		fine / sunny	天気のよい
rain	雨，雨が降る		rainy	雨降りの
snow	雪，雪が降る		snowy	雪の降る
wind	風	windy 風の強い	cold	寒い
cool	涼しい	hot 暑い	warm	暖かい

☛ もののようすや状態・形に関する基本単語

good	よい，おいしい	bad	悪い，まずい
new	新しい	old	古い，年取った
long / tall	長い / 背が高い	short	短い，背が低い
large / big	大きい	small	小さい

☛ 場所・位置関係に関する基本単語・熟語

on	～の上に，～に接して	in	～（の中）に
near	～の近くに	by	～のそばに
between	～の間に	under	～の下に
into	～の中へ	over there	向こうに
in front of ～	～の前に	at home	家に

☛ よく出る一般動詞

begin	始まる，始める	brush	(歯を)みがく，(髪を)とかす
buy	買う	clean	掃除する，きれいにする
close	閉める	come	来る
cook	料理する，(食事を)作る	do	する，行う
drink	飲む	eat	食べる
enjoy	楽しむ	get	手に入れる
give	あげる，与える	go	行く
have	持っている，食べる	help	手伝う，助ける
learn	学ぶ	like	好きだ，好む
listen	〔listen to ～〕～を聞く	live	住む，生きる
look	見る	love	愛する，～が大好きである
make	作る	meet	会う	need	必要とする
open	開ける，開く	practice	練習する	read	読む
play	(スポーツを)する，(楽器を)弾く，遊ぶ		
run	走る	see	見る，会う
sing	歌う	sit	座る	sleep	眠る
speak	話す	stand	立つ	start	始まる，始める
stop	止まる，止める	study	勉強する
swim	泳ぐ	talk	話す	think	考える，思う
use	使う	walk	歩く	want	ほしい
wash	洗う	watch	(動くものをじっと)見る
work	働く	write	書く

5級で出る会話の決まり文句

☛出会い

Hi. / Hello.	こんにちは。（いつでも使えるあいさつ）
Good morning.	おはようございます。（午前中）
Good afternoon.	こんにちは。（午後）
Good evening.	こんばんは。（夕方以降）

☛別れ

Bye. / Good-bye.	さようなら。
See you.	またね。
See you later.	また後でね。
See you tomorrow.	また明日ね。
Good night.	おやすみなさい。
Have a nice day.	よい1日を。
Have a nice weekend.	よい週末を。

☛相手のようすをたずねる

How are you? ― (I'm) fine, thank you. And you?[How about you?]
調子はどうですか。― 元気です，ありがとう。あなたはどうですか。

☛ 紹介・初対面

This is 〜.　　　　　　　こちらは〜です。（人を紹介）

I'm 〜.　　　　　　　　私は〜です。（自己紹介）

My name is 〜.　　　　　私の名前は〜です。（自己紹介）

Nice to meet you.　　　　はじめまして。

☛ お礼・おわび

Thank you (for 〜). / Thanks (for 〜). ― You're welcome.

（〜を）ありがとう。― どういたしまして。

I'm sorry. ― That's OK[all right].　ごめんなさい。― 大丈夫です。

☛ その他の決まり文句・あいづち

Here's 〜.　　　　　〜をどうぞ。（ものを手渡すとき）

Here you are.　　　　はい，どうぞ。（ものを手渡すとき）

That's great[good / nice]. / Good idea.　それはいいですね。（提案などに賛成）

How about you?　あなたはどうですか。（相手の意見を聞く）

Me, too.　　　　私もです。（相手の意見への同調）

5級で出る重要熟語

a cup of ～　　　　　1杯の～〔コーヒー，お茶など，カップで飲むものに使う〕

a glass of ～　　　　1杯の～〔水，牛乳など，グラスで飲むものに使う〕

a little　　　　　　少し（の～）

a lot of ～　　　　　たくさんの～〔数えられる名詞にも，数えられない名詞にも使う〕

a piece of ～　　　　1切れ［1枚］の～〔紙，チョークなどに使う〕

after school　　　放課後　　　　　　at home　　　　家で［に］

at school　　　　学校で［に］　　　call back　　　電話をかけ直す

come in　　　　　入る

come on　　　　　さあ〔相手をうながすときに使う〕

for breakfast［lunch, dinner］
　　　　　　　　　朝食［昼食，夕食］に

get up　　　　　起きる　　　　　　go ～ing　　　　～しに行く

go to bed　　　　寝る

How about ～?　　～はどうですか。〔提案したり，相手の意見・感想・様子などをたずねたりするときに使う〕

It's time for ～.　～の時間です。

like ～ very much　～がとても好きだ

listen to ～　　　～を聞く　　　　　look at ～　　　～を見る

not very ～　　　あまり～ない　　　on the phone　　電話で

on TV　　　　　テレビで　　　　　over there　　　向こう［あそこ］に［で］

right now　　　　今すぐに　　　　　stand up　　　　立ち上がる

sit down　　　　座る　　　　　　　this way　　　　こちらへ［で，に］

～ years old　　　～歳で

What about ～?　　～はどうですか。（How about ～?と同じ）

5級

2023年度 第2回

2023.10.8. 実施

筆記（25分）

pp.46〜52

リスニング（約22分）

pp.53〜57
CD赤-1〜28

※解答一覧は別冊p.3
※解答と解説は別冊pp.4〜26

※巻末についている解答用マークシートを使いましょう。

合格基準スコア

● 419（満点850／リーディング425, リスニング425）

(1) **A:** Does Alice have any (　　　)?
B: Yes. She has three dogs.

1 videos **2** pets **3** songs **4** classes

(2) **A:** Look! That cat is very (　　　).
B: Yes. It's very cute.

1 small **2** rainy **3** high **4** cloudy

(3) Kenji can (　　　) English very well. He likes English very much.

1 see **2** eat **3** live **4** speak

(4) **A:** What (　　　) do you like?
B: I like green.

1 year **2** song **3** color **4** movie

(5) **A:** Hiroshi, which season do you like?
B: I like spring. We can (　　　) new friends in April.

1 meet **2** go **3** close **4** cook

(6) **A:** Everyone, open your (　　　) to page 35.
B: OK, Ms. Brown.

1 apples　　　　　　　**2** trains

3 trees　　　　　　　**4** textbooks

(7) **A:** Does Linda (　　　) very well?
B: Yes. She takes lessons on Mondays and Tuesdays.

1 make　　**2** dance　　**3** want　　**4** open

(8) I study in the library (　　　) 9:30 a.m. to 11:30 a.m. every Sunday.

1 of　　　**2** with　　**3** under　　**4** from

(9) **A:** I want this notebook. How (　　　) is it?
B: It's 100 yen.

1 old　　　**2** much　　**3** long　　**4** many

(10) My father always eats eggs for breakfast (　　　) the morning.

1 on　　　**2** by　　　**3** in　　　**4** of

(11) **A:** Do you know the boy over (　　　), Jane?
B: Yes, Ken. That's my brother.

1 that　　**2** there　　**3** too　　**4** then

(12) Hiroshi always (   ) to bed at 9 p.m. and gets up at 6 a.m.

1 goes   **2** plays   **3** does   **4** sits

(13) *A:* Kanako, are you a baseball fan?
B: Yes, I (   ).

1 am   **2** is   **3** are   **4** does

(14) *A:* Who are the girls in this picture, Jack?
B: (   ) are my sisters.

1 She   **2** They   **3** He   **4** I

(15) *A:* I can't find my pen. Julia, can I use (   )?
B: Yes.

1 you   **2** your   **3** our   **4** yours

2 次の(16)から(20)までの会話について，（　　）に入れるのに最も適切なものを**1**，**2**，**3**，**4**の中から一つ選び，その番号のマーク欄をぬりつぶしなさい。

(16) ***Boy 1:*** Where's Mom, Arthur?

　　　Boy 2: (　　　) She's buying fruit for dinner.

　　　1 She's nice.

　　　2 At the store.

　　　3 On the weekend.

　　　4 She has many.

(17) ***Teacher:*** Please open the window, Charlie.

　　　　　　　　(　　)

　　　　　Boy: OK, Ms. Carter.

　　　1 It's Sunday.

　　　2 To school.

　　　3 It's hot.

　　　4 At home.

(18) ***Girl:*** This umbrella is nice. (　　　)

　　　Boy: It's my father's.

　　　1 How do you make it?

　　　2 Do you often use it?

　　　3 Whose is it?

　　　4 Which is mine?

(19) **Girl 1:** Cindy, let's take some pictures here.
Girl 2: (　　) This garden is so beautiful.

1 That's a good idea.

2 You're tall.

3 It's mine.

4 This book is nice.

(20) **Girl:** Can I have some juice?
Father: (　　) It's in the kitchen.

1 No, thanks.

2 I like fish.

3 Yes, I can.

4 Of course.

3 次の(21)から(25)までの日本文の意味を表すように①から④までを並べかえて □ の中に入れなさい。そして，1番目と3番目にくるものの最も適切な組合せを1，2，3，4の中から一つ選び，その番号のマーク欄をぬりつぶしなさい。※ただし，(　)の中では，文のはじめにくる語も小文字になっています。

(21) 私はシンガポールにたくさんの友だちがいます。

(① of　　② friends　　③ a lot　　④ have)

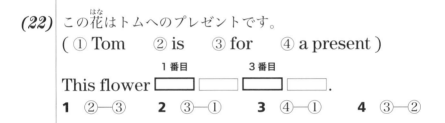

　　　1番目　　　　3番目
I □□□ □□□ □□□ □□□ in Singapore.
1 ③—②　　**2** ④—①　　**3** ②—④　　**4** ①—②

(22) この花はトムへのプレゼントです。

(① Tom　　② is　　③ for　　④ a present)

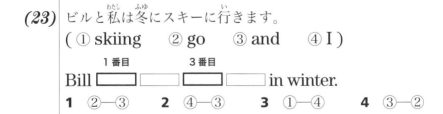

　　　　　　　1番目　　　　3番目
This flower □□□ □□□ □□□ □□□.
1 ②—③　　**2** ③—①　　**3** ④—①　　**4** ③—②

(23) ビルと私は冬にスキーに行きます。

(① skiing　　② go　　③ and　　④ I)

　　　1番目　　　　3番目
Bill □□□ □□□ □□□ □□□ in winter.
1 ②—③　　**2** ④—③　　**3** ①—④　　**4** ③—②

(24) ジェームズ，あなたのお父さんはいつ新聞を読みますか。

(① read ② your father ③ does ④ the newspaper)

James, when ⬚ ⬚ ⬚ ⬚ ?

1番目： bu: 3番目

1 ②—④ **2** ③—② **3** ③—① **4** ④—①

(25) マイクは今，音楽を聞いています。

(① music ② to ③ listening ④ is)

Mike ⬚ ⬚ ⬚ ⬚ now.

1番目　3番目

1 ④—② **2** ③—② **3** ④—① **4** ①—③

●リスニング

5級リスニングテストについて

❶このテストには，第1部から第3部まであります。
　　★英文は二度放送されます。
　　第1部……イラストを参考にしながら英文と応答を聞き，最も適切な応答を
　　　　　　　1，2，3の中から一つ選びなさい。
　　第2部……対話と質問を聞き，その答えとして最も適切なものを1，2，3，4
　　　　　　　の中から一つ選びなさい。
　　第3部……三つの英文を聞き，その中から絵の内容を最もよく表しているも
　　　　　　　のを一つ選びなさい。
❷No. 25のあと，10秒すると試験終了の合図がありますので，筆記用具を置いてく
　ださい。

第1部

[例題]

No. 1

No. 2

No. 3

No. 4

No. 5

No. 6

No. 7

No. 8

No. 9

No. 10

No. 11
1 Eggs.
2 Toast.
3 Rice.
4 Pancakes.

No. 12
1 The milk.
2 The butter.
3 A hot drink.
4 Some bread.

No. 13
1 In her bedroom.
2 In the kitchen.
3 At school.
4 At her friend's house.

No. 14
1 The girl.
2 The boy.
3 The girl's brother.
4 The boy's brother.

No. 15
1 At 6:00.
2 At 6:30.
3 At 7:00.
4 At 7:30.

No. 16

No. 17

No. 18

No. 19

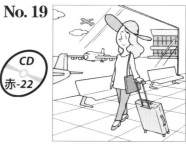

No. 20

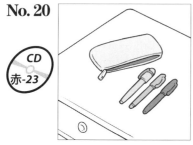

No. 21

No. 22

No. 23

No. 24

No. 25

5級

2023年度 第❶回

2023.6.4. 実施

筆記(25分)

pp.60〜66

リスニング(約22分)

pp.67〜71
CD赤-29〜56

※解答一覧は別冊p.27
※解答と解説は別冊pp.28〜50

※巻末についている解答用マークシートを使いましょう。

合格基準スコア

● 419(満点850／リーディング425, リスニング425)

1 次の(1)から(15)までの（　）に入れるのに最も適切なものを **1**, **2**, **3**, **4** の中から一つ選び，その番号のマーク欄をぬりつぶしなさい。

(1) **A:** Please write your (　　) and telephone number here.

B: OK.

1 bird 　　**2** name 　　**3** door 　　**4** watch

(2) **A:** Kyoko, which (　　) do you like at school, science or math?

B: Math.

1 team 　　**2** window 　　**3** subject 　　**4** place

(3) **A:** Let's go to a new cake (　　), Tina.

B: That's a good idea.

1 shop 　　**2** bike 　　**3** egg 　　**4** chair

(4) Students often play (　　) in Mr. Brown's English class.

1 games 　　**2** phones 　　**3** clocks 　　**4** cameras

(5) Alice eats toast for (　　).

1 newspaper 　　　　**2** breakfast

3 music 　　　　　　**4** snow

(6) Jessica is a big (   ) of her hometown's soccer team.

1 fan   **2** table   **3** mountain   **4** box

(7) Look at that red (   ). It's swimming very fast.

1 ball   **2** flower   **3** fish   **4** river

(8) **A:** Bye, Brenda. (   ) a nice day.
B: Thanks.

1 Eat   **2** Go   **3** Come   **4** Have

(9) **A:** Are you from England, Katie?
B: That's (   ). I'm from London.

1 well   **2** little   **3** right   **4** happy

(10) Kelly often talks (   ) her future dream.

1 about   **2** by   **3** from   **4** under

(11) Yoshiko sometimes does her homework (   ) night.

1 at   **2** off   **3** for   **4** to

(12) Megumi is 13 (　　) old. She's a junior high school student.

1 fruits　　**2** years　　**3** hands　　**4** girls

(13) *A:* Dad, please help (　　). Today's homework is very hard.

B: OK.

1 I　　**2** my　　**3** me　　**4** mine

(14) *A:* Cathy, (　　) are you doing?

B: I'm writing a letter to my friend.

1 whose　　**2** what　　**3** when　　**4** who

(15) My sister and I (　　) dinner every Sunday.

1 cook　　**2** cooks　　**3** cooking　　**4** to cook

2 次の*(16)*から*(20)*までの会話について，（　　）に入れるのに最も適切なものを**1**，**2**，**3**，**4**の中から一つ選び，その番号のマーク欄をぬりつぶしなさい。

(16) **Teacher:** Where do you usually play baseball, Jack?

   Boy: (　　　　) Mr. Parker.

1 In the morning,

2 Goodbye,

3 You're here,

4 Near my house,

(17)   **Girl:** Mom, let's go to the shopping mall.

Mother: I'm busy now. (　　　　)

  Girl: OK.

1 How about this afternoon?

2 Is that your bag?

3 Which color do you like?

4 Who can go with you?

(18) **Father:** Do you know those boys over there, Fred?

   Boy: Yes, Dad. (　　　　)

1 We're going home now.

2 I can't see them.

3 They're my friends.

4 It's for school.

(19) *Girl:* Can I use your dictionary, Eddie?
Boy: (   ) I'm using it now.

1 I'm sorry.

2 You're OK.

3 I'm 150 cm.

4 It's for you.

(20) *Girl:* Dad, I can't find my red pen.
Father: Look. (   )

1 That's nice.

2 It has five colors.

3 It's on the table.

4 Let's go after lunch.

3 次の(21)から(25)までの日本文の意味を表すように①から④までを並べかえて □□□□ の中に入れなさい。そして，1番目と3番目にくるものの最も適切な組合せを1，2，3，4の中から一つ選び，その番号のマーク欄をぬりつぶしなさい。※ただし，（　）の中では，文のはじめにくる語も小文字になっています。

(21) ジュディ，あなたのお姉さんはどうやってピアノを練習しますか。

（ ① practice　　② how　　③ your sister　　④ does ）

Judy, [1番目 □□□] [□□□] [3番目 □□□] [□□□] the piano?

1 ③—④　　**2** ①—③　　**3** ②—①　　**4** ②—③

(22) 私はいつも朝6時に起きます。

（ ① up　　② get　　③ six　　④ at ）

I always [1番目 □□□] [□□□] [3番目 □□□] [□□□] in the morning.

1 ③—②　　**2** ④—①　　**3** ②—④　　**4** ①—②

(23) 私たちは毎日，教室を掃除します。

（ ① clean　　② classroom　　③ our　　④ we ）

[1番目 □□□] [□□□] [3番目 □□□] [□□□] every day.

1 ②—①　　**2** ④—③　　**3** ①—③　　**4** ②—④

(24) 窓を閉めてくれますか。

(① you ② close ③ can ④ the window)

1番目　　　3番目

□□□ □□□ □□□ , please?

1 ③—② **2** ③—① **3** ④—① **4** ④—③

(25) 鈴木先生と歩いているのはだれですか。

(① walking ② is ③ with ④ who)

1番目　　　3番目

□□□ □□□ □□□ Mr. Suzuki?

1 ③—② **2** ①—③ **3** ②—③ **4** ④—①

●リスニング

5級リスニングテストについて

❶このテストには，第1部から第3部まであります。
　★英文は二度放送されます。
　　第1部……イラストを参考にしながら英文と応答を聞き，最も適切な応答を
　　　　　　 1，2，3の中から一つ選びなさい。
　　第2部……対話と質問を聞き，その答えとして最も適切なものを1，2，3，4
　　　　　　 の中から一つ選びなさい。
　　第3部……三つの英文を聞き，その中から絵の内容を最もよく表しているも
　　　　　　 のを一つ選びなさい。
❷No. 25のあと，10秒すると試験終了の合図がありますので，筆記用具を置いてく
ださい。

第1部

[例題]

No. 1

No. 2

No. 3

No. 4

No. 5

No. 6

No. 7

No. 8

No. 9

No. 10

No. 11

1 On Thursday.
2 On Friday.
3 On Saturday.
4 On Sunday.

No. 12

1 Helen's.
2 Mike's.
3 Helen's sister's.
4 Mike's sister's.

No. 13

1 Under the table.
2 On the table.
3 Under the chair.
4 On the chair.

No. 14

1 A fish.
2 A dog.
3 A rabbit.
4 A cat.

No. 15

1 Four.
2 Five.
3 Six.
4 Seven.

No. 16

No. 17

No. 18

No. 19

No. 20

No. 21

No. 22

No. 23

No. 24

No. 25

5級 <ruby>級<rt>きゅう</rt></ruby>

2022<ruby>年度<rt>ねんど</rt></ruby> <ruby>第<rt>だい</rt></ruby> ③ <ruby>回<rt>かい</rt></ruby>

2023.1.22.<ruby>実施<rt>じっし</rt></ruby>

<ruby>筆記<rt>ひっき</rt></ruby>(25<ruby>分<rt>ふん</rt></ruby>)

pp.74〜80

リスニング(<ruby>約<rt>やく</rt></ruby>22<ruby>分<rt>ふん</rt></ruby>)

pp.81〜85

CD<ruby>赤<rt>あか</rt></ruby>-57〜84

※<ruby>解答一覧<rt>かいとういちらん</rt></ruby>は<ruby>別冊<rt>べっさつ</rt></ruby>p.51
※<ruby>解答<rt>かいとう</rt></ruby>と<ruby>解説<rt>かいせつ</rt></ruby>は<ruby>別冊<rt>べっさつ</rt></ruby>pp.52〜74

※<ruby>巻末<rt>かんまつ</rt></ruby>についている<ruby>解答用<rt>かいとうよう</rt></ruby>マークシートを<ruby>使<rt>つか</rt></ruby>いましょう。

<ruby>合格基準<rt>ごうかくきじゅん</rt></ruby>スコア

● 419(<ruby>満点<rt>まんてん</rt></ruby>850／リーディング425, リスニング425)

1 次の (1) から (15) までの （　） に入れるのに最も適切なものを **1, 2, 3, 4** の中から一つ選び，その番号のマーク欄をぬりつぶしなさい。

(1) Jill (　　　) in a band with her friends.

1 puts   **2** paints   **3** sings   **4** speaks

(2) *A:* Oh, your picture is very (　　　), Linda. I like it very much.
B: Thank you, Ms. Wilson.

1 nice   **2** tall   **3** sorry   **4** young

(3) I have one (　　　). She is ten years old.

1 son   **2** father   **3** brother   **4** sister

(4) *A:* Look! It's (　　　)!
B: Yeah, it's very cold.

1 snowing   **2** reading   **3** saying   **4** telling

(5) *A:* Do you often go to (　　　)?
B: Yes, I like delicious food.

1 restaurants   **2** trees
3 cameras   **4** rooms

(6) Mr. Kuroda is a (   ). Many people go to his hospital.

1 pilot   **2** doctor   **3** dancer   **4** teacher

(7) *A:* Oh, that's a beautiful (   ). Is that a present, Jane?

B: Yes, this is for my mom.

1 hair   **2** test   **3** flower   **4** window

(8) I play soccer (   ) school on Sundays.

1 at   **2** of   **3** out   **4** down

(9) Nancy (   ) in California.

1 lives   **2** looks   **3** buys   **4** wants

(10) *A:* Can you come (   ) my house at three this afternoon?

B: Sorry, I can't.

1 of   **2** for   **3** to   **4** out

(11) *A:* John, what (   ) do you usually take a bath?

B: Around nine o'clock.

1 time   **2** week   **3** hand   **4** face

(12) **A:** Do you like English?
B: Yes, (   ) course.

1 in   **2** out   **3** on   **4** of

(13) Ms. Brown has two children. (   ) names are Nick and Cindy.

1 They   **2** Theirs   **3** Them   **4** Their

(14) **A:** Do you speak French?
B: No, I (   ). But I speak Spanish.

1 don't   **2** doesn't   **3** isn't   **4** aren't

(15) **A:** This math question is difficult.
B: Let's ask Mr. Yamada. He can help (   ).

1 we   **2** us   **3** our   **4** ours

2

次の(16)から(20)までの会話について，（　　）に入れるのに最も適切なものを**1**，**2**，**3**，**4**の中から一つ選び，その番号のマーク欄をぬりつぶしなさい。

(16) **Girl:** Bye, Mike.

Boy: (　　　)

1 I'm fine.

2 See you.

3 Good morning.

4 Me, too.

(17) **Girl 1:** This is my new dress.

Girl 2: (　　　)

1 I can, too.

2 It's beautiful.

3 At the party.

4 For my birthday.

(18) **Girl:** Tom, I can't study with you after school today.

Boy: (　　　)

1 Let's go.

2 It's July 14th.

3 That's all right.

4 You're welcome.

(19) ***Mother:*** How about this skirt, Ann?

    Girl: (   ) It's my favorite color.

1 I can go.

2 I'm 13 years old.

3 I'm sorry.

4 I love it.

(20) ***Boy 1:*** Your English teacher is very young. How old is she, Carl?

Boy 2: (   )

1 She's 25.

2 She's a dancer.

3 She's not very tall.

4 She's not at home now.

3 次の(21)から(25)までの日本文の意味を表すように①から④までを並べかえて ☐ の中に入れなさい。そして，1番目と3番目にくるものの最も適切な組合せを1，2，3，4の中から一つ選び，その番号のマーク欄をぬりつぶしなさい。※ただし，（　）の中では，文のはじめにくる語も小文字になっています。

(21) 私は毎晩8時間寝ます。

(① sleep ② hours ③ for ④ eight)

1 ②—① **2** ①—③ **3** ④—③ **4** ①—④

(22) キャシーはどこでテニスをしますか。

(① does ② where ③ Cathy ④ play)

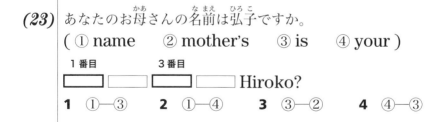

1 ①—④ **2** ④—② **3** ③—① **4** ②—③

(23) あなたのお母さんの名前は弘子ですか。

(① name ② mother's ③ is ④ your)

1番目　　　3番目

☐　☐　☐　☐ Hiroko?

1 ①—③ **2** ①—④ **3** ③—② **4** ④—③

79

(24) ジェームズ，あなたはどうやって英語を勉強しますか。

(① do   ② how   ③ you   ④ study)

James, ☐〔1番目〕☐ ☐〔3番目〕☐ English?

1 ③—④   **2** ④—①   **3** ②—③   **4** ②—①

(25) 順子，あなたは料理クラブに入っていますか。

(① in   ② you   ③ the cooking club   ④ are)

Junko, ☐〔1番目〕☐ ☐〔3番目〕☐ ?

1 ③—④   **2** ④—①   **3** ③—①   **4** ④—②

●リスニング

5級リスニングテストについて

❶ このテストには，第1部から第3部まであります。
　★英文は二度放送されます。
　　第1部……イラストを参考にしながら英文と応答を聞き，最も適切な応答を
　　　　　　　1，2，3の中から一つ選びなさい。
　　第2部……対話と質問を聞き，その答えとして最も適切なものを1，2，3，4
　　　　　　　の中から一つ選びなさい。
　　第3部……三つの英文を聞き，その中から絵の内容を最もよく表しているも
　　　　　　　のを一つ選びなさい。

❷ No. 25のあと，10秒すると試験終了の合図がありますので，筆記用具を置いてく
　ださい。

第1部

［例題］

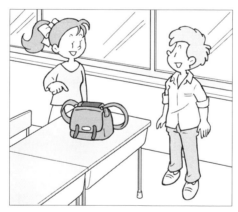

No. 1

No. 2

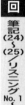

No. 3

No. 4

No. 5

No. 6

No. 7

No. 8

No. 9

No. 10

No. 11

1 Some tea.
2 Some juice.
3 Some milk.
4 Some coffee.

No. 12

1 30 dollars.
2 35 dollars.
3 40 dollars.
4 45 dollars.

No. 13

1 Nancy.
2 Nancy's brother.
3 Steve.
4 Steve's brother.

No. 14

1 In her pencil case.
2 In her bag.
3 Under her chair.
4 Under her textbook.

No. 15

1 She listens to music.
2 She draws pictures.
3 She sings with the boy.
4 She plays the piano.

No. 16

No. 17
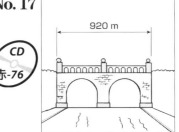

No. 18

No. 19

No. 20

No. 21

No. 22

CD
赤-81

No. 23

CD
赤-82

No. 24

CD
赤-83

No. 25

CD
赤-84

CD
赤

5級

2022年度 第2回

2022.10.9. 実施

筆記(25分)

pp.88〜94

リスニング(約22分)

pp.95〜99
CD青-1〜28

※解答一覧は別冊 p.75
※解答と解説は別冊 pp.76〜98

※巻末についている解答用マークシートを使いましょう。

合格基準スコア

● 419(満点850／リーディング425, リスニング425)

1 次の (1) から (15) までの (　　) に入れるのに最も適切なものを **1**, **2**, **3**, **4** の中から一つ選び，その番号のマーク欄をぬりつぶしなさい。

(1) We have two (　　　) this afternoon, English and math.

1 desks　　**2** friends　　**3** classes　　**4** oranges

(2) My mother often (　　　) tulips at the flower shop.

1 plays　　**2** teaches　　**3** closes　　**4** buys

(3) *A:* Carl, do you go to school by bus (　　　) by train?

B: By bus, Mr. Anderson.

1 but　　**2** so　　**3** or　　**4** also

(4) *A:* What (　　　) do you like, Susan?

B: I like cats and dogs.

1 sports　　**2** animals　　**3** movies　　**4** drinks

(5) Hiroshi usually (　　　) basketball games on TV.

1 watches　　**2** speaks　　**3** listens　　**4** sings

(6) **A:** Tom, let's study at my (　　　) today.
B: OK, see you later.

1 winter　　**2** time　　**3** foot　　**4** house

(7) **A:** Who is your favorite baseball player?
B: Ken Suzuki. He's (　　)!

1 great　　**2** sure　　**3** many　　**4** sunny

(8) **A:** Kent, (　　　) at my new camera.
B: Oh, it's cute.

1 eat　　**2** cook　　**3** want　　**4** look

(9) **A:** Kelly, what time do you (　　) up every morning?
B: At six.

1 wake　　**2** tell　　**3** say　　**4** know

(10) I have a lot (　　　) postcards. They are from my grandfather.

1 of　　**2** by　　**3** down　　**4** after

(11) **A:** Mike, welcome (　　) our soccer club!
B: Thanks.

1 before　　**2** to　　**3** under　　**4** off

(12) **A:** Dad, I'm sleepy.

B: It's time for bed, Chris. (　　) a good night's sleep.

1 Go **2** Have **3** Stand **4** Make

(13) **A:** Dad, (　　) is Karen?

B: She is in the living room now.

1 what **2** when **3** who **4** where

(14) Mr. Smith is my art teacher. (　　) lessons are very fun.

1 His **2** Your **3** We **4** Her

(15) **A:** Hiroko, do you play tennis every day?

B: Yes, I (　　).

1 does **2** do **3** are **4** is

(16) *Girl:* Is this your new computer? It's nice.
Boy: Yes, (　　　)

1 I'm hungry.

2 I often use it.

3 you're at the library.

4 you're good.

(17) *Girl:* Hi, I'm Jane. Are you a new student?
Boy: (　　　)

1 Goodbye.

2 Yes, I am.

3 No, it's not here.

4 I play tennis.

(18) *Boy:* I can't find my English textbook, Mom.
Mother: Paul, it's (　　　)

1 five years old.

2 before breakfast.

3 on your bed.

4 very fast.

(19) *Man:* What do you do after lunch?
Woman: (   )
1 I like it.
2 Me, too.
3 I'm happy.
4 I drink tea.

(20) *Boy:* These flowers are beautiful.
Girl: (   )
1 Nice to meet you.
2 I think so, too.
3 Help me, please.
4 See you later.

3 次の(21)から(25)までの日本文の意味を表すように①から④までを並べかえて □ の中に入れなさい。そして，1番目と3番目にくるものの最も適切な組合せを1，2，3，4の中から一つ選び，その番号のマーク欄をぬりつぶしなさい。※ただし，（　）の中では，文のはじめにくる語も小文字になっています。

(21) 私の辞書は，机の中にあります。

（ ① dictionary　　② in　　③ is　　④ my ）

1番目　　　　3番目

□　□　□　□ the desk.

1 ①—④　　**2** ④—③　　**3** ②—①　　**4** ③—④

(22) その英語のレッスンはどれくらいの長さですか。

（ ① is　　② how　　③ long　　④ the ）

1番目　　　　3番目

□　□　□　□ English lesson?

1 ③—②　　**2** ②—①　　**3** ③—④　　**4** ④—②

(23) ケイトは雨の日が好きではありません。

（ ① Kate　　② like　　③ rainy days　　④ doesn't ）

1番目　　　　3番目

□　□　□　□ .

1 ①—②　　**2** ①—④　　**3** ④—②　　**4** ④—①

93

(24) あなたの妹は放課後に野球の練習をしますか。

(① baseball ② after ③ your sister ④ practice)

　　　　　1番目　　　　　3番目

Does ☐☐☐☐ school?

1 ④—②　　**2** ①—④　　**3** ③—②　　**4** ③—①

(25) あのバレーボール選手はイタリア出身です。

(① is ② volleyball ③ player ④ from)

　　　　1番目　　　　3番目

That ☐☐☐☐ Italy.

1 ①—②　　**2** ③—④　　**3** ①—④　　**4** ②—①

●リスニング

5級リスニングテストについて

---

❶このテストには，第1部から第3部まであります。
　★英文は二度放送されます。
　　第1部……イラストを参考にしながら英文と応答を聞き，最も適切な応答を
　　　　　　　1，2，3の中から一つ選びなさい。
　　第2部……対話と質問を聞き，その答えとして最も適切なものを1，2，3，4
　　　　　　　の中から一つ選びなさい。
　　第3部……三つの英文を聞き，その中から絵の内容を最もよく表しているも
　　　　　　　のを一つ選びなさい。
❷No. 25のあと，10秒すると試験終了の合図がありますので，筆記用具を置いてく
　ださい。

第1部

[例題]

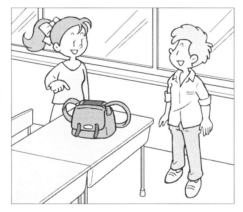

No. 1

No. 2

No. 3

No. 4

No. 5

No. 6

No. 7

No. 8

No. 9

No. 10

No. 11

1 In his room.
2 In the sports shop.
3 In his locker.
4 In the bathroom.

No. 12

1 One hour.
2 Two hours.
3 Three hours.
4 Four hours.

No. 13

1 She plays computer games.
2 She reads a magazine.
3 She does her homework.
4 She listens to music.

No. 14

1 The girl's mother.
2 The girl's father.
3 The boy's mother.
4 The boy's father.

No. 15

1 300 meters.
2 360 meters.
3 500 meters.
4 560 meters.

22年度第2回 リスニング No. 3～No. 15

No. 16

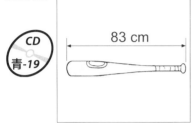

83 cm

No. 17

No. 18

No. 19

-150-

No. 20

No. 21

No. 22

No. 23

No. 24

No. 25

5級
<ruby>級<rt>きゅう</rt></ruby>

2022<ruby>年度<rt>ねんど</rt></ruby> <ruby>第<rt>だい</rt></ruby>❶<ruby>回<rt>かい</rt></ruby>

2022.6.5.<ruby>実施<rt>じっし</rt></ruby>

<ruby>筆記<rt>ひっき</rt></ruby>(25<ruby>分<rt>ふん</rt></ruby>)

pp.102～108

リスニング(<ruby>約<rt>やく</rt></ruby>22<ruby>分<rt>ふん</rt></ruby>)

pp.109～113
CD<ruby>青<rt>あお</rt></ruby>-29～56

※<ruby>解答一覧<rt>かいとういちらん</rt></ruby>は<ruby>別冊<rt>べっさつ</rt></ruby>p.99
※<ruby>解答<rt>かいとう</rt></ruby>と<ruby>解説<rt>かいせつ</rt></ruby>は<ruby>別冊<rt>べっさつ</rt></ruby>pp.100～122

※<ruby>巻末<rt>かんまつ</rt></ruby>についている<ruby>解答用<rt>かいとうよう</rt></ruby>マークシートを<ruby>使<rt>つか</rt></ruby>いましょう。

<ruby>合格基準<rt>ごうかくきじゅん</rt></ruby>スコア

● 419(<ruby>満点<rt>まんてん</rt></ruby>850／リーディング425, リスニング425)

1 次の(1)から(15)までの（　）に入れるのに最も適切なものを1, 2, 3, 4の中から一つ選び, その番号のマーク欄をぬりつぶしなさい。

(1) **A:** Look at that (　　　) over there, Jack.
B: Wow! The water is very blue.
1 class **2** river **3** foot **4** textbook

(2) **A:** What is your favorite (　　　)?
B: I like red.
1 milk **2** fruit **3** color **4** pet

(3) Adam and I often go to the park. We (　　) pictures of flowers there.
1 read **2** tell **3** say **4** draw

(4) **A:** Is it (　　　) today?
B: No, it's sunny and warm.
1 tall **2** young **3** cold **4** new

(5) **A:** Do you like music, Karen?
B: Yes, I do. I play the (　　　).
1 hat **2** camera **3** violin **4** desk

(6) **A:** What are you (　　　)?
B: Chocolate cookies.

1 sleeping　**2** playing　**3** running　**4** making

(7) **A:** Do you want some water, Kevin?
B: Yes, please. I'm really (　　　).

1 soft　**2** thirsty　**3** kind　**4** new

(8) Ryuji is Japanese. He's (　　　) Osaka.

1 with　**2** about　**3** under　**4** from

(9) **A:** Do you want some cake?
B: No, (　　　) you.

1 enjoy　**2** thank　**3** give　**4** speak

(10) **A:** Hello, Mr. Green.
B: Hi, Sara. Please come in and (　　　) down.

1 sit　**2** help　**3** sing　**4** listen

(11) **A:** How (　　　) is your brother?
B: He's four.

1 long　**2** cloudy　**3** old　**4** many

(12) **A:** Let's go to the park (   ) the afternoon, Dad.
B: OK.

1 of   **2** in   **3** at   **4** on

(13) Please (   ) eat in the library.

1 aren't   **2** no   **3** don't   **4** not

(14) Sally and Patty (   ) good friends. They go jogging together.

1 are   **2** is   **3** be   **4** am

(15) **A:** Is this notebook (   )?
B: No, it's Helen's.

1 my   **2** her   **3** yours   **4** our

2

次の(16)から(20)までの会話について，（　　）に入れるのに最も
適切なものを**1**，**2**，**3**，**4**の中から一つ選び，その番号のマーク欄をぬ
りつぶしなさい。

(16) **Teacher:** Where is your history textbook, Ben?
Student: I'm sorry. (　　)

1 It's at home.

2 It's OK.

3 I go to school.

4 I read it.

(17) **Girl1:** I don't know that man in the gym. (　　)
Girl2: Mr. Williams.

1 How are you?

2 Where is his camera?

3 What's his name?

4 When do you play?

(18) **Father:** Brenda, (　　)
Girl: OK. Good night, Dad.

1 it's time for bed.

2 it's all right.

3 please watch this.

4 please come to dinner.

(19) **Mother:** Goodbye. Have a good day at school.
      Boy: Goodbye. (   )

1 It's at the pool.

2 You're welcome.

3 I have homework.

4 See you this evening.

(20) **Mother:** What drink do you want?
      Girl: (   )

1 Two eggs.

2 Yes, at night.

3 Orange juice, please.

4 Every weekend.

3

次の(21)から(25)までの日本文の意味を表すように①から④までを並べかえて ☐ の中に入れなさい。そして，**1番目**と**3番目**にくるものの最も適切な組合せを**1**，**2**，**3**，**4**の中から一つ選び，その番号のマーク欄をぬりつぶしなさい。※ただし，（　）の中では，文のはじめにくる語も小文字になっています。

(21) ウォーカーさんは土曜日に車を洗います。

(① his car 　② washes 　③ on 　④ Mr. Walker)

1番目　　　3番目

☐☐ ☐☐ Saturdays.

1 ④―① 　**2** ④―② 　**3** ②―④ 　**4** ②―③

(22) あなたは学校でインターネットを使えますか。

(① use 　② you 　③ can 　④ the Internet)

1番目　　　3番目

☐☐ ☐☐ at school?

1 ①―③ 　**2** ③―④ 　**3** ①―② 　**4** ③―①

(23) 私のピアノのレッスンは4時半から5時までです。

(① to 　② from 　③ four thirty 　④ is)

1番目　　　3番目

My piano lesson ☐☐ ☐☐ five o'clock.

1 ②―③ 　**2** ④―③ 　**3** ④―① 　**4** ①―②

(24) あなたは，どちらの帽子が好きですか。

(① cap   ② which   ③ you   ④ do)

1番目 ___ 3番目 ___ like?

1 ②—④   **2** ①—③   **3** ④—②   **4** ③—②

(25) この図書館にはおもしろい本がたくさんあります。

(① has   ② a lot   ③ interesting   ④ of)

This library 1番目 ___ 3番目 ___ books.

1 ①—③   **2** ③—②   **3** ①—④   **4** ②—④

●リスニング

5級リスニングテストについて

---

❶このテストには，第1部から第3部まであります。

　★英文は二度放送されます。

　　第1部……イラストを参考にしながら英文と応答を聞き，最も適切な応答を1，2，3の中から一つ選びなさい。

　　第2部……対話と質問を聞き，その答えとして最も適切なものを1，2，3，4の中から一つ選びなさい。

　　第3部……三つの英文を聞き，その中から絵の内容を最もよく表しているものを一つ選びなさい。

❷No. 25のあと，10秒すると試験終了の合図がありますので，筆記用具を置いてください。

第1部

[例題]

No. 1

No. 2

No. 3

No. 4

No. 5

No. 6

No. 7

No. 8

No. 9

No. 10

No. 11
1 At 4:00.
2 At 4:30.
3 At 5:00.
4 At 5:30.

No. 12
1 Today.
2 Tomorrow.
3 Next week.
4 Next month.

No. 13
1 Writing a letter.
2 Calling her friend.
3 Reading a book.
4 Doing her homework.

No. 14
1 A rabbit.
2 A hamster.
3 A cat.
4 A fish.

No. 15
1 One.
2 Two.
3 Three.
4 Four.

No. 16

No. 17

No. 18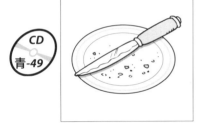

No. 19

No. 20

No. 21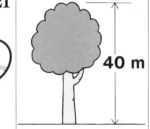

40 m

No. 22

No. 23

No. 24

No. 25

5級

2021年度 第❸回

2022.1.23.実施

筆記(25分)

pp.116〜122

リスニング(約22分)

pp.123〜127
CD青-57〜84

※解答一覧は別冊 p.123
※解答と解説は別冊pp.124〜146

※巻末についている解答用マークシートを使いましょう。

合格基準スコア

● 419(満点850／リーディング425, リスニング425)

1 次の(1)から(15)までの（　　）に入れるのに最も適切なものを**1**, **2**, **3**, **4**の中から一つ選び，その番号のマーク欄をぬりつぶしなさい。

(1) **A:** Janet, here is my grandma's photo (　　　).
B: Wow! It's very nice.

1 album **2** lunch
3 harmonica **4** ticket

(2) **A:** Hi, my name's Peter.
B: Hi, Peter. I'm Junko. Nice to (　　) you.

1 walk **2** meet **3** write **4** enjoy

(3) **A:** Do you have any pets, Kelly?
B: Yes. I have two dogs and a (　　).

1 door **2** coin **3** mouth **4** rabbit

(4) **A:** When is your science test, Jim?
B: It's (　　) Monday, Mom.

1 fast **2** well **3** next **4** free

(5) April is the (　　) month of the year.

1 first **2** second **3** third **4** fourth

(6) Julie likes art. She often goes to a (　　) with her mother.

1 fish   **2** museum   **3** fruit   **4** pencil

(7) My mother (　　) Japanese and English.

1 lives   **2** speaks   **3** washes   **4** sees

(8) Fred always (　　) a shower before breakfast.

1 reads   **2** goes   **3** takes   **4** listens

(9) *A:* Do you have your history notebook, Mark?
B: No, Scott. It's (　　) home.

1 with   **2** at   **3** of   **4** to

(10) James goes jogging every (　　).

1 clock   **2** letter   **3** watch   **4** day

(11) *A:* How (　　) is your soccer practice, John?
B: It's one hour.

1 cold   **2** big   **3** long   **4** fine

(12) **A:** Is Amy studying in her room?
B: No, she's sleeping in (   ).
1 bed   **2** door   **3** table   **4** cup

(13) Bill likes sports. He can (   ) very fast.
1 swim   **2** swims
3 swam   **4** swimming

(14) **A:** Do you like baseball, Mike?
B: Yes, Karen. But my brother (   ).
1 isn't   **2** don't   **3** aren't   **4** doesn't

(15) I have two sisters. I like (   ) very much.
1 me   **2** you   **3** them   **4** she

2

次の(16)から(20)までの会話について，（　）に入れるのに最も適切なものを**1**，**2**，**3**，**4**の中から一つ選び，その番号のマーク欄をぬりつぶしなさい。

(16) **Girl:** Is this your hat, Harry?

Boy: (　　　) Thank you.

1 No, I'm not.

2 Yes, it's mine.

3 Yes, I can.

4 No, you don't.

(17) **Mother:** How many students are in your art club?

　　Girl: Sorry, (　　　)

1 I don't know.

2 it's all right.

3 I like it.

4 it's beautiful.

(18) **Boy:** When do you study English?

Girl: (　　　)

1 With my friends.

2 For two hours.

3 By bus.

4 Before school.

(19)   ***Boy:*** I'm going to school now, Mom.
Mother: See you, Tetsu. (   )

1 Have some rice.

2 It's not here.

3 Have a good time.

4 It's for you.

(20) ***Girl:*** Do you like my new T-shirt, Steve?
Boy: Yes, (   )

1 I often go there.

2 it's cute.

3 I'm here.

4 it's by the store.

3

次の(21)から(25)までの日本文の意味を表すように①から④までを並べかえて □ の中に入れなさい。そして，1番目と3番目にくるものの最も適切な組合せを1，2，3，4の中から一つ選び，その番号のマーク欄をぬりつぶしなさい。※ただし，（　）の中では，文のはじめにくる語も小文字になっています。

(21) あなたは，放課後何時に家に帰りますか。
(① go　② what time　③ do　④ you)

1番目　　3番目
□□ □□ □□ □□ home after school?

1 ③―①　　**2** ③―④　　**3** ②―③　　**4** ②―④

(22) 居間で宿題をやりましょう。
(① homework　② our　③ in　④ do)

1番目　　3番目
Let's □□ □□ □□ □□ the living room.

1 ③―①　　**2** ④―①　　**3** ①―②　　**4** ②―④

(23) 私たちの担任は遠藤先生です。
(① our　② is　③ teacher　④ homeroom)

1番目　　3番目
□□ □□ □□ □□ Mr. Endo.

1 ①―③　　**2** ④―②　　**3** ③―④　　**4** ①―②

(24) ビルとトムは仲<ruby>なか</ruby>よしです。

(① good   ② Tom   ③ are   ④ and)

1番目　　　　**3番目**

Bill ☐ ☐ ☐ ☐ friends.

1 ④—③   **2** ③—④   **3** ②—③   **4** ①—④

(25) ジェーンは毎朝<ruby>まいあさ</ruby>7時<ruby>じ</ruby>に起<ruby>お</ruby>きます。

(① up   ② gets   ③ seven   ④ at)

1番目　　　　**3番目**

Jane ☐ ☐ ☐ ☐ every morning.

1 ①—②   **2** ③—②   **3** ②—④   **4** ④—①

●リスニング

5級リスニングテストについて

❶このテストには，第1部から第3部まであります。

　★英文は二度放送されます。

　第1部……イラストを参考にしながら英文と応答を聞き，最も適切な応答を
　　　　　　1，2，3の中から一つ選びなさい。

　第2部……対話と質問を聞き，その答えとして最も適切なものを1，2，3，4
　　　　　　の中から一つ選びなさい。

　第3部……三つの英文を聞き，その中から絵の内容を最もよく表しているも
　　　　　　のを一つ選びなさい。

❷No. 25のあと，10秒すると試験終了の合図がありますので，筆記用具を置いてく
ださい。

第1部

[例題]

No. 1

No. 2

No. 3

No. 4

No. 5

No. 6

No. 7

No. 8

No. 9

No. 10

No. 11
1 $8.
2 $18.
3 $28.
4 $80.

No. 12
1 Writing an e-mail.
2 Reading an e-mail.
3 Writing a book.
4 Reading a book.

No. 13
1 At the park.
2 At home.
3 At Tim's house.
4 At school.

No. 14
1 A cat.
2 A dog.
3 A fish.
4 A bird.

No. 15
1 At 6:00.
2 At 6:20.
3 At 7:00.
4 At 7:20.

21年度第3回 リスニング No. 3 〜 No. 15

No. 16

No. 17

No. 18

No. 19

No. 20

No. 21

No. 22

No. 23

No. 24

No. 25

CD作成協力●ELEC録音スタジオ　　本文デザイン●松倉浩・鈴木友佳

編集協力●一校舎　　　　　　　　　企画編集●成美堂出版編集部

本書に関する正誤等の最新情報は, 下記のアドレスで確認することができます。
https://www.seibidoshuppan.co.jp/support/

上記URLに記載されていない箇所で正誤についてお気づきの場合は, 書名・発行日・質問事項・ページ数・氏名・郵便番号・住所・FAX番号を明記の上, **郵送**または**FAX**で**成美堂出版**までお問い合わせください。

※電話でのお問い合わせはお受けできません。

※本書の正誤に関するご質問以外にはお答えできません。また受験指導などは行っております。

※ご質問の到着確認後, 10日前後に回答を普通郵便またはFAXで発送いたします。
ご質問の受付期限は, 2024年度の各試験日の10日前到着分までとさせていただきます。ご了承ください。

・本書の付属CDは, CDプレーヤーでの再生を保証する規格品です。

・CDプレーヤーで音声が正常に再生されるCDから, パソコンやiPodなどのデジタルオーディオプレーヤーに取り込む際にトラブルが生じた場合は, まず, そのソフトまたはプレーヤーの製作元にご相談ください。

・本書の付属CDには, タイトルなどの文字情報はいっさい含まれておりません。CDをパソコンに読み込んだ際, 異なった年版や書籍の文字情報が表示されることがありますが, それは弊社の管理下にはないデータが取り込まれたためです。必ず音声をご確認ください。

このコンテンツは, 公益財団法人 日本英語検定協会の承認や推奨, その他の検討を受けたものではありません。

英検®5級過去6回問題集 '24年度版

2024年3月10日発行

編　者　成美堂出版編集部

発行者　深見公子

発行所　成美堂出版
　　　　〒162-8445　東京都新宿区新小川町1-7
　　　　電話(03)5206-8151　FAX(03)5206-8159

印　刷　株式会社フクイン

文部科学省後援

'24
年度版

英検®
過去6回
問題集

5級

別冊 解答・解説

矢印の方向に引くと切り離せます。

成美堂出版

CONTENTS

※別冊は，付属の赤シートで答えを隠してご利用ください。

●合格基準スコア●

419（満点850／リーディング425, リスニング425）

※解説中にある, 空所を表す（　）以外の（　）は省略可能・補足説明,［　］は言い換え可能であることを表します。

2023年度 第2回

筆記　解答・解説　pp.4〜14
リスニング　解答・解説　pp.14〜26

解答欄

問題番号		1	2	3	4
1	(1)		●		
	(2)	●			
	(3)				●
	(4)			●	
	(5)	●			
	(6)				●
	(7)		●		
	(8)				●
	(9)		●		
	(10)			●	
	(11)		●		
	(12)	●			
	(13)	●			
	(14)		●		
	(15)				●

解答欄

問題番号		1	2	3	4
2	(16)		●		
	(17)			●	
	(18)			●	
	(19)	●			
	(20)				●
3	(21)		●		
	(22)	●			
	(23)				●
	(24)			●	
	(25)	●			

リスニング解答欄

問題番号		1	2	3	4
	例題			●	
第1部	No. 1	●			
	No. 2		●		
	No. 3		●		
	No. 4			●	
	No. 5			●	
	No. 6	●			
	No. 7		●		
	No. 8			●	
	No. 9	●			
	No. 10			●	
第2部	No. 11			●	
	No. 12		●		
	No. 13		●		
	No. 14	●			
	No. 15		●		
第3部	No. 16		●		
	No. 17			●	
	No. 18		●		
	No. 19			●	
	No. 20			●	
	No. 21		●		
	No. 22	●			
	No. 23		●		
	No. 24	●			
	No. 25	●			

(1)　正解　**2**

訳　A：アリスはペットを飼っているの？　B：うん。彼女は3匹のイヌを飼っているよ。

選択肢の訳　**1** ビデオ，動画（複数形）　**2** ペット（複数形）　**3** 歌（複数形）　**4** クラス，授業（複数形）

解説　名詞を選ぶ問題。（　）のある英文は，「アリスは（　）を飼っているの？」という意味。〈Do[Does] ＋主語＋動詞のもとの形〜?〉で「…は〜しますか」。「動詞のもとの形」とは，「sやingなどの付かない形」のこと。Alice「アリス」は3人称単数なので，本問ではDoes〜?となっている。Bが第2文で「彼女は3匹のイヌを飼っているよ」と「イヌ（動物）」について述べていることから，動物に関する語である**2**の「ペット」を入れれば，「何かペットを飼っているの？」となって自然な文になる。haveの基本は「持っている」だが，have a dog「イヌを持っている」→「イヌを飼っている」，have a friend「友達を持っている」→「友達がいる」など，いろいろな日本語に訳されるので注意しよう。また本問のように，「いくつかの」は，疑問文ではふつうsomeではなく anyを使い，日本語では「いくつかの」と訳さないことが多いことも確認しておこう。

(2)　正解　**1**

訳　A：見て！　あのネコはとても小さいね。　B：うん。とてもかわいいね。

選択肢の訳　**1** 小さい　**2** 雨降りの　**3** 高い　**4** くもりの

解説　形容詞を選ぶ問題。Look!は，look（動詞のもとの形）で始まっているので，「〜しなさい，〜して」という命令文。（　）のある英文は，「あのネコはとても（　）ね」という意味。（　）には，very「とても」に続けて「ネコを説明する形容詞」が入ることと，Bが第2文で「と

てもかわいいね」と言っていることから，**1**の「小さい」を入れれば，「あのネコはとても小さいね」→「うん。（小さくて）とてもかわいいね」となって自然な会話になる。**3**のhighのghは発音しないことと，**4**のcloudyは「クラウディー」と発音することも確認しておこう。

(3)　正解　**4**

訳　ケンジはとても上手に英語を話すことができます。彼は英語が大好きです。

選択肢の訳　**1**　見える，見る　**2**　食べる　**3**　住んでいる　**4**　話す

解説　動詞を選ぶ問題。〈can＋動詞のもとの形〉で「～することができる」なので，（　　）のある英文は，「ケンジはとても上手に英語を（　　）ことができます」という意味。（　　）には，「英語を」に続く動詞が入るので，**4**の「話す」を入れれば，「英語を話すことができます」となって自然な文になり，第2文ともうまくつながる。canのあとの動詞は「もとの形」なので，主語がKenji（3人称単数）でも動詞には，-(e)sがつかないことも確認しておこう。第2文の，like ～ very much「～が大好きだ」は重要な表現なので覚えておこう。

(4)　正解　**3**

訳　A：あなたは何色が好きなの？　B：私は緑色が好きだよ。

選択肢の訳　**1**　年　**2**　歌　**3**　色　**4**　映画

解説　〈What＋名詞＋do[does]＋主語＋動詞のもとの形～?〉で「…はどんな—を～しますか」なので，（　　）のある英文は，「あなたは何の（　　）が好きなの？」という意味。Bは，「緑色が好きだよ」と「好きな色」を答えているので，**3**の「色」を入れれば，「何色が好きなの？」と「好きな色」をたずねる文になって，自然な会話になる。色を表す英語として，white「白」，red「赤」，blue「青」，yellow「黄色」，brown「茶色」，black「黒」，pink「ピンク色」，gray「灰色」も覚えておこう。

(5)　正解　**1**

> **訳**　Ａ：ヒロシ，あなたはどの季節が好きなの？　Ｂ：ぼくは春が好きだよ。ぼくたちは４月に新しい友達に会うことができるよ。

> **選択肢の訳**　**1** 会う　**2** 行く　**3** 閉まる，閉める　**4** 料理する

> **解説**　動詞を選ぶ問題。〈Which＋名詞＋do[does]＋主語＋動詞のもとの形〜?〉で「…はどの一を〜しますか」。（　）のある英文は，「ぼくたちは４月に新しい友達に（　）ことができるよ」という意味。（　）には，「友達に」に続く動詞が入るので，**1**の「会う」を入れれば，「新しい友達に会うことができる」となって自然な文になり，また，「春が好きな理由」となるので，第１文ともうまくつながる。meetは，seeより，ややあらたまった語で，約束して会う場合と，偶然会う場合の両方に使う。季節に関する語として，summer「夏」，fall[autumn]「秋」，winter「冬」も覚えておこう。

(6)　正解　**4**

> **訳**　Ａ：皆さん，教科書の35ページを開けなさい。　Ｂ：わかりました，ブラウン先生。

> **選択肢の訳**　**1** リンゴ（複数形）　**2** 電車（複数形）　**3** 木（複数形）　**4** 教科書（複数形）

> **解説**　Ａ（＝ブラウン先生）の第１文のEveryoneは，すぐあとに「,」（コンマ）があるので，「皆さん」という生徒への呼びかけの語で，あとにopen（動詞のもとの形）が続くので命令文。よって，（　）のある英文は，「皆さん，（　）の35ページを開けなさい」という意味になるので，「ページがある書物」である**4**の「教科書」を入れれば，「教科書の35ページを開けなさい」となって自然な文になる。「〜の…ページを開く」というときは，〈open 〜 to[at] page＋数字〉のように，to[at]を使うことを確認しておこう。

(7)　正解　**2**

> **訳**　Ａ：リンダはとても上手におどりますか。　Ｂ：はい。彼女は月

曜日と火曜日にレッスンを受けています。

選択肢の訳 1 作る 2 おどる 3 ほしい 4 開ける, 開く

解説 動詞を選ぶ問題。( ) のある英文は,「リンダはとても上手に ( ) しますか」という意味。文のおわりに, very well「とても上手に」があるので, 2の「おどる」を入れれば「リンダはとても上手におどりますか」となって自然な文になり, Bの発言(「彼女は月曜日と火曜日に(ダンスの)レッスンを受けています」)ともうまくつながる。take lessons「レッスンを受ける」も重要表現として覚えておこう。

(8) 正解 **4**

訳 私は毎週日曜日, 午前9時30分から午前11時30分まで図書館で勉強します。

選択肢の訳 1 〜の 2 〜といっしょに 3 〜の下に 4 〜から

解説 熟語の問題。from 〜 to …で「〜から…まで」という意味で,「午前9時30分から午前11時30分まで」とすると文意が成り立つので4が正解。〈数字＋a.m.〉は「午前〜時(…分)」,〈数字＋p.m.〉で「午後〜時(…分)」の意味。a.m.10のように, a.m.やp.m.を時刻の数字の前に置くのは誤りなので注意。

(9) 正解 **2**

訳 A:私はこのノートがほしいです。いくらですか。 B:100円です。

選択肢の訳 1 古い 2 (量が)多い 3 長い 4 (数が)多い

解説 熟語の問題。Bが金額を答えているので, 金額をたずねる疑問文にする。〈How much＋be動詞＋主語?〉で「〜はいくらですか」と値段をたずねる表現になるので, 2が正解。日本の通貨単位のyen「円」の複数形はyenだが, アメリカなどの通貨単位のdollar「ドル」の複数形はdollarsであることに注意。〈How＋形容詞[副詞]〜?〉の形の疑問文として,「年齢や, 学校などが作られてからの年数」をたずねるHow old 〜?,「期間やものの長さ」をたずねるHow long 〜?,「身長や建物などの高さ」をたずねるHow tall 〜?も合わせて確認して

おこう。

(10)　正解　**3**

> **訳**　私の父は朝，朝食にいつも卵を食べます。

> **選択肢の訳**　**1** 〜の上で　**2** 〜のそばに，〜によって　**3** 〜の中で，〜で　**4** 〜の

> **解説**　熟語の問題。in the morningで「朝［午前中］に」という意味を表し，文意が成り立つので**3**が正解。in the afternoon「午後に」，in the evening「夕方［晩］に」も確認しておこう。for breakfast [lunch / dinner]「朝食［昼食／夕食］に」も重要表現。always「いつも」は，①一般動詞の前，②be動詞・助動詞のあとに置くのが基本。

(11)　正解　**2**

> **訳**　A：あそこにいる男の子を知ってる，ジェーン？　B：知っているよ，ケン。あれは私の兄［弟］だよ。

> **選択肢の訳**　**1** あれは，あの　**2** そこで［に］　**3** 〜も　**4** そのとき，それで

> **解説**　熟語の問題。over thereで「あそこに［の］／むこうに［の］」という意味を表し，文意が成り立つので**2**が正解。there も over there も「自分（たち）から離れた場所」を表すが，over there はthereよりもっと遠い場所を表すイメージ。

(12)　正解　**1**

> **訳**　ヒロシはいつも，午後9時に寝て午前6時に起きます。

> **選択肢の訳**　**1** 行く（3人称単数現在形）　**2** （スポーツを）する，（楽器を）演奏する（3人称単数現在形）　**3** する（3人称単数現在形）　**4** すわる（3人称単数現在形）

> **解説**　熟語の問題。go to bedで「（眠っているかどうかに関係なく）床につく」という意味で，文意が成り立つので**1**が正解。sleep「眠る（＝眠っている状態）」と区別すること。get up「起きる」は，目を覚ますだけでなく，横になっている状態から起き上がるのを意味することと，

「目を覚ます」はwake upで表すことも確認しておこう。

(13) 正解 **1**

訳 A：カナコ，あなたは野球ファンですか。　B：はい，そうです。

解説 Are you ～?で「あなた（たち）は～ですか」という意味。「あなたは野球ファンですか」という問いにYesを使って「はい，私は野球ファンです」と答えるので，同じbe動詞を使って答える。主語がIのときのbe動詞はamを使うので，**1**が正解。スポーツを表す英語として，soccer「サッカー」，badminton「バドミントン」，tennis「テニス」，rugby「ラグビー」，volleyball「バレーボール」，table tennis「卓球」，track and field「陸上競技」，wrestling「レスリング」，basketball「バスケットボール」も覚えておこう。

(14) 正解 **2**

訳 A：この写真の女の子たちはだれ，ジャック？　B：彼女たちはぼくの姉［妹］だよ。

選択肢の訳 **1** 彼女は［が］ **2** 彼［彼女］らは［が］，それらは［が］ **3** 彼は［が］ **4** 私は［が］

解説 代名詞を選ぶ問題。〈Who＋be動詞＋主語?〉は「～はだれですか」と「名前や間柄」をたずねる表現。Aは「この写真の女の子たちはだれ？」と，「複数の女の子たち」についてたずねているので，B（＝ジャック）は「彼女たちは～です」と答えるのが自然のため，sheの複数形の**2**が適切。

(15) 正解 **4**

訳 A：ペンが見つからないの。ジュリア，あなたのを使ってもいい？
B：いいよ。

選択肢の訳 **1** あなた（たち）は［が］ **2** あなた（たち）の **3** 私たちの **4** あなた（たち）のもの

解説 代名詞を選ぶ問題。〈Can I＋動詞のもとの形～?〉は，「私は～してもいいですか」と許可を求める表現なので，（　　）のある英文は，「ジュ

リア，（　　　）を使ってもいい？」という意味。Aは，「（自分の）ペンが見つからないの」と述べているので，**4**の「あなたのもの」を入れれば「ジュリア，あなたの（＝あなたのペン）を使ってもいい？」となって自然な文になり，B（＝ジュリア）の「（私のペンを使っても）いいよ」という答えともうまくつながる。

(16) 正解　2

訳 男の子1：ママはどこ，アーサー？　男の子2：お店だよ。夕食の果物を買っているんだ。

選択肢の訳 **1** 彼女はすてきだよ。　**2** お店だよ。　**3** 週末だよ。
4 彼女はたくさん持っているよ。

解説 where's は where is の短縮形。〈Where ＋ be動詞＋主語?〉で「〜はどこにいますか［ありますか］」。男の子1は「ママはどこ〜？」とたずねているので，男の子2の返答としては，「母親の居場所」を具体的に答えている**2**が適切。**2**は，She is at the store. の省略。本問のように，be動詞には，「〜です」の意味のほか，「〜にいます［あります］」という意味があることを確認しておこう。momは「お母さん」という意味。家で自分の母親をさすときや，呼びかけのときは，Dad「お父さん」と同様に，大文字で始めてMomと表すことが多い。

(17) 正解　3

訳 先生：窓を開けてください，チャーリー。暑いです。　男の子：わかりました，カーター先生。

選択肢の訳 **1** 日曜日です。　**2** 学校へです。　**3** 暑いです。
4 家でです。

解説 〈Please ＋動詞のもとの形〜〉で「（どうか）〜してください」。（　　　）の直前で先生（＝カーター先生）は，「窓を開けてください」と男の子（＝チャーリー）に言っているので，**3**の「暑いです」を選べば，チャーリー

に窓を開けてほしいと頼む理由となって自然な会話になる。

(18) 正解 3

訳 女の子：この傘はすてきだね。だれの？ 男の子：お父さんのだよ。

選択肢の訳 **1** どうやって(それを)作ったの？ **2** よくそれを使うの？ **3** だれの（もの）？ **4** どちらが私のもの？

解説 （ ）の発言を受けて男の子は，「お父さんのだよ」と「傘の持ち主」を答えている。したがって，3の「（その傘は）だれの（もの）？」を選べば，女の子が「傘の持ち主」をたずね，それに対して男の子が「お父さんのだよ」と「傘の持ち主」を具体的に答えた対話となり，自然な流れになる。whoseには「だれの」の意味のほかに，「だれのもの」という意味があり，〈Whose＋be動詞＋主語?〉で「〜はだれのものですか」という意味になることも確認しておこう。

(19) 正解 1

訳 女の子1：シンディー，ここで写真を撮ろう。 女の子2：それはいい考えね。この庭園はとても美しいわ。

選択肢の訳 **1** それはいい考えね。 **2** あなたは背が高いね。 **3** それは私のよ。 **4** この本はすてきね。

解説 Let's＋動詞のもとの形〜〉は「〜しましょう」と提案する表現。女の子1は「ここで写真を撮ろう」と女の子2（＝シンディー）に提案しているので，1を選べば，女の子1の提案に「それ（＝ここで写真を撮ること）はいい考えね」と賛成する表現となり，女の子2の第2文とも自然につながる。

(20) 正解 4

訳 女の子：ジュースを飲んでもいい？ 父親：もちろん。（ジュースは）キッチンにあるよ。

選択肢の訳 **1** いいえ，結構だよ。 **2** 私は魚が好きだよ。 **3** うん，できるよ。 **4** もちろん。

11

女の子から「ジュースを飲んでもいい？」と許可を求められた父親は，第２文で「（ジュースは）キッチンにあるよ」とジュースのある場所を示しているので，ジュースを飲む許可を与えたことがわかる。よって，**4**を選べば，「もちろん（いいよ）」とジュースを飲む許可を与えた表現となり自然な会話になる。

3　筆記 （問題編pp.51～52）

---

(21)　正解　**2**

正しい語順　have a lot of friends　④③①②

解説　「私はたくさんの友だちがいます」は，「私はたくさんの友だちを持っています」と考え，一般動詞haveを使って英文を作る。一般動詞の英文は，〈主語（～は）＋動詞（～する）＋目的語（～を［に］）＋場所や時や様子を表す語句.〉の語順が基本。したがって，印刷されている主語のI「私は」のあとに，一般動詞のhaveを置く。次に「目的語」（～を［に］）である「たくさんの友だち」を，a lot of ～「たくさんの～」という熟語を使って，a lot of friendsと表して，haveのあとに置く。最後に，印刷されているin Singapore「シンガポールに」（＝場所や時や様子を表す語句）につなげる。

---

(22)　正解　**1**

正しい語順　is a present for Tom　②④③①

解説　「AはBです」は，〈A（主語）＋am[are / is]＋B〉の語順にする。A（主語）のthis flower「この花」は印刷されているので，次にbe動詞を置く。主語（this flower「この花」）は3人称単数なので，be動詞は語群のisを使う。「トムへのプレゼント」は，a present「プレゼント」を，for Tom「トムへの」で後ろから説明する。このように，〈名詞A＋前置詞＋名詞B〉の形で，名詞Aを〈前置詞＋名詞B〉で後ろから説明することができる。日本語とは語句の順番が逆になるので，しっ

かり確認しておこう。

(23) 正解 **4**

正しい語順 and I go skiing ③④②①

解説 語群から一般動詞（go）の英文なので，〈主語（～は）＋動詞（～する）＋目的語（～を［に］）＋場所や時や様子を表す語句.〉の語順にする。まず，「AとB」は〈A and B〉で表すので，主語の「ビルと私は」を，Bill and Iで表す。次に「スキーに行く」の意味を表す熟語であるgo skiingを置く。最後に，印刷されているin winter「冬に」（＝場所や時や様子を表す語句）につなげる。本問のBill and Iのように，1人称（I，we）とそれ以外（you，she，Bobなど）がandで結ばれる場合，ふつう，2人称→3人称→1人称という順序になり，you and I，John and Iなどの形になることに注意〈go＋-ing形〉でよく使われる表現として，go shopping「買い物に行く」，go swimming「泳ぎに行く」，go cycling「サイクリングに行く」，go fishing「つりに行く」もおさえておこう。skiは「スキーの板」（名詞）と，「スキーをする」（動詞）の意味で，「（スポーツとしての）スキー」はskiing。

(24) 正解 **3**

正しい語順 does your father read the newspaper ③②①④

解説 「…はいつ～しますか」は，〈When do[does]＋主語＋動詞のもとの形＋目的語（～を［に］）＋場所や時や様子を表す語句?〉の語順にする。呼びかけの語のJames，「ジェームズ，」とwhen「いつ」は印刷されているので，次にdoesと，主語your father「あなたのお父さん」を置く。そのあとに動詞のもとの形read「読む」を置き，さらに「目的語」（～を［に］）であるthe newspaperを続ける。

(25) 正解 **1**

正しい語順 is listening to music ④③②①

解説 語群にlisteningやisがあるので現在進行形の文にする。「…は～しています」という現在進行形の文は，〈主語（～は）＋be動詞＋動

13

詞の-ing形＋目的語（～を［に］）＋場所や時や様子を表す語句.〉の語順にする。主語のMike「マイク」は印刷されているので，次にbe動詞のisを置く。「～を聞く」は，listen to ～で表すので，isのあとには，listenを-ing形にして，listening toを続ける。さらに「目的語」（～を［に］）であるmusicを置き，印刷されているnow（場所や時や様子を表す語句）につなげる。

CD 赤-1 ～ CD 赤-11

第1部 リスニング （問題編pp.53～54）

〔例題〕 Is this your bag?

1 Sure, I can. **2** On the chair. **3** Yes, it is. 〔正解〕 **3**

訳 これはあなたのかばんですか。

選択肢の訳 **1** もちろん，できます。 **2** いすの上に。 **3** はい，そうです。

No.1 正解 **1**

放送文 What are you doing?

1 My homework.

2 With my friend.

3 It's me.

訳 何をしているの？

選択肢の訳 **1** 宿題だよ。 **2** 友達とだよ。 **3** 私だよ。

解説 〈What＋be動詞＋主語＋動詞の-ing形?〉で「…は何を～していますか」。質問文のdoingは，「～する」という意味の一般動詞doの-ing形であることに注意。男の子は女の子に「何をしているの？」とたずねているので，女の子の返答としては，「自分がしていること」を具体的に答えている**1**が適切。**3**は，電話や部屋をノックしたときなどに，「声だけでだれかが相手にわかるような場合」に，「私だよ」と言うときなどに使う表現。

No.2　正解　**2**

放送文　Which sandwich is yours?

　1　Apple juice, please.

　2　The ham sandwich is mine.

　3　It's good.

訳　どちらのサンドイッチが君の？

選択肢の訳　**1**　リンゴジュースをお願いします。　**2**　ハムサンドイッチが私のだよ。　**3**　それはいいね。

解説　〈Which＋名詞＋be動詞〜?〉で，「どちらの…が〜ですか」。男の子は女の子に「どちらのサンドイッチが君の？」とたずねているので，女の子の返答としては，「どちらが自分のサンドイッチなのか」を具体的に答えている**2**が適切。yoursは「あなた（たち）のもの」，mineは「私のもの」であることを確認しておこう。

No.3　正解　**2**

放送文　How much is this chair?

　1　Under the desk.

　2　It's $20.

　3　Please sit down.

訳　このいすはいくらですか。

選択肢の訳　**1**　机の下です。　**2**　20ドルです。　**3**　すわってください。

解説　〈How much＋be動詞＋主語?〉は「〜はいくらですか」と値段をたずねる表現。女性は男性店員に「このいすはいくらですか」と「いすの値段」をたずねているので，男性店員の返答としては，「値段」を具体的に答えている**2**が適切。**3**のsit downは「すわる」という意味の重要熟語。

No.4　正解　**2**

放送文　How old is your dog?

　1　He likes milk.

2 He's 10 years old.

3 He's brown and white.

訳 君のイヌは何歳なの？

選択肢の訳 **1** 彼はミルクが好きだよ。　**2** 彼は10歳だよ。　**3** 彼は茶色と白だよ。

解説 〈How old＋be動詞＋主語?〉で「～は何歳ですか」。男性は「君のイヌは何歳なの？」と「女性のイヌの年齢」をたずねているので，女性の答えとしては「年齢」を具体的に答えている**2**が適切。「～歳」は〈～ year(s) old〉で表し，人間以外の動物や学校，会社などの創立年などにも使うことも覚えておこう。

No.5　正解　**3**

放送文 Who is playing the piano?

1 At home.

2 Yes, he is.

3 My classmate.

訳 だれがピアノを弾いているの？

選択肢の訳 **1** 家でだよ。　**2** うん，彼だよ。　**3** 私のクラスメートだよ。

解説 〈Who is＋動詞の-ing形～?〉は，「だれが～していますか」という現在進行形の疑問文。「だれが～し（てい）ますか」という「疑問詞whoが主語の疑問文」は，〈Who＋動詞～?〉の語順にすることに注意。男の子は「だれがピアノを弾いているの？」と，「ピアノを弾いている人物がだれか」をたずねているので，女の子の答えとしては「ピアノを弾いている人物」を具体的に答えている**3**が適切。放送文は，Yes「はい」／No「いいえ」で答える疑問文ではないので**2**は適切ではない。

No.6　正解　**2**

放送文 I can speak Spanish well.

1 It's my radio.

2 I can, too.

3 By plane.

訳 ぼくはスペイン語を上手に話すことができるんだ。

選択肢の訳 **1** それは私のラジオだよ。 **2** 私もできるよ。
3 飛行機でだよ。

解説 男の子は「ぼくはスペイン語を上手に話すことができるんだ」と述べているので，女の子の受け答えとして**2**を選べば，「私も（スペイン語を上手に話すことが）できるよ」となって，自然な会話になる。**2**は，I can speak Spanish well, too.の省略。言語を表す語として，English「英語」，Japanese「日本語」，French「フランス語」，German「ドイツ語」，Chinese「中国語」，Korean「韓国［朝鮮］語」，Portuguese「ポルトガル語」も覚えておこう。

No.7 正解 2

放送文 What do you do on weekends?

   1 With my family.

   2 I play tennis.

   3 I like it.

訳 君は週末，何をするの？

選択肢の訳 **1** 家族とだよ。 **2** テニスをするよ。 **3** それが気に入っているよ。

解説 〈What do[does]＋主語＋動詞のもとの形〜?〉で「…は何を〜しますか」。本問では，「動詞のもとの形」の部分がdo（「〜する」という一般動詞）なので，「君は週末，何をするの？」の意味。男性は「女性が週末にすること」をたずねているので，女性の答えとしては「週末にすること」を具体的に答えている**2**が適切。

No.8 正解 3

放送文 Is the curry hot, James?

   1 Yes, I do.

   2 No, thanks.

   3 Yes, a little.

訳 そのカレーは辛<ruby>辛<rt>から</rt></ruby>いの，ジェームズ？

選択肢の訳 **1** うん，やるよ。 **2** ううん，<ruby>結構<rt>けっこう</rt></ruby>だよ。 **3** うん，<ruby>少<rt>すこ</rt></ruby>し。

解説 Is 〜?の<ruby>形<rt>かたち</rt></ruby>で<ruby>聞<rt>き</rt></ruby>かれたら，〈Yes, ＋<ruby>主語<rt>しゅご</rt></ruby>＋is.〉/〈No, ＋<ruby>主語<rt>しゅご</rt></ruby>＋is not[isn't].〉と be<ruby>動詞<rt>どうし</rt></ruby>isを<ruby>使<rt>つか</rt></ruby>って<ruby>答<rt>こた</rt></ruby>えるのが<ruby>基本<rt>きほん</rt></ruby>だが，<ruby>選択肢<rt>せんたくし</rt></ruby>の<ruby>中<rt>なか</rt></ruby>にisを<ruby>使<rt>つか</rt></ruby>っているものが<ruby>無<rt>な</rt></ruby>いので，<ruby>内容<rt>ないよう</rt></ruby>から<ruby>考<rt>かんが</rt></ruby>える。<ruby>女性<rt>じょせい</rt></ruby>は<ruby>男<rt>おとこ</rt></ruby>の<ruby>子<rt>こ</rt></ruby>(＝ジェームズ)に「そのカレーは<ruby>辛<rt>から</rt></ruby>いの？」とたずねているので，**3**を<ruby>選<rt>えら</rt></ruby>べば，「うん，<ruby>少<rt>すこ</rt></ruby>し（<ruby>辛<rt>から</rt></ruby>いよ）」となって<ruby>自然<rt>しぜん</rt></ruby>な<ruby>会話<rt>かいわ</rt></ruby>になる。**3**は，Yes, it is a little hot.の<ruby>省略<rt>しょうりゃく</rt></ruby>。hotには，「<ruby>熱<rt>あつ</rt></ruby>い，<ruby>暑<rt>あつ</rt></ruby>い」のほかに，<ruby>本問<rt>ほんもん</rt></ruby>のように「<ruby>辛<rt>から</rt></ruby>い」の<ruby>意味<rt>いみ</rt></ruby>があることも<ruby>確認<rt>かくにん</rt></ruby>しておこう。**2**のNo, thanks.は，No, thank you.よりくだけた<ruby>表現<rt>ひょうげん</rt></ruby>。Is 〜?の<ruby>疑問文<rt>ぎもんぶん</rt></ruby>に，doを<ruby>使<rt>つか</rt></ruby>って<ruby>答<rt>こた</rt></ruby>えることはできないので，**1**は<ruby>不適<rt>ふてき</rt></ruby>。

No.9 正解 **1**

放送文 I walk to the beach every evening.

1 That's nice.

2 By train.

3 It's sunny.

訳 ぼくは<ruby>毎夕<rt>まいゆう</rt></ruby>，ビーチまで<ruby>散歩<rt>さんぽ</rt></ruby>するんだ。

選択肢の訳 **1** それはいいね。 **2** <ruby>電車<rt>でんしゃ</rt></ruby>でだよ。 **3** <ruby>晴<rt>は</rt></ruby>れているね。

解説 <ruby>男<rt>おとこ</rt></ruby>の<ruby>子<rt>こ</rt></ruby>は「ぼくは<ruby>毎夕<rt>まいゆう</rt></ruby>，ビーチまで<ruby>散歩<rt>さんぽ</rt></ruby>するんだ」と<ruby>述<rt>の</rt></ruby>べているので，<ruby>女<rt>おんな</rt></ruby>の<ruby>子<rt>こ</rt></ruby>の<ruby>答<rt>こた</rt></ruby>えとして**1**を<ruby>選<rt>えら</rt></ruby>べば，「それ（＝<ruby>毎夕<rt>まいゆう</rt></ruby>，ビーチまで<ruby>散歩<rt>さんぽ</rt></ruby>すること）はいいね」と，<ruby>男<rt>おとこ</rt></ruby>の<ruby>子<rt>こ</rt></ruby>の<ruby>習慣<rt>しゅうかん</rt></ruby>についての<ruby>感想<rt>かんそう</rt></ruby>を<ruby>述<rt>の</rt></ruby>べる<ruby>表現<rt>ひょうげん</rt></ruby>となって，<ruby>自然<rt>しぜん</rt></ruby>な<ruby>会話<rt>かいわ</rt></ruby>になる。**3**のように，<ruby>天気<rt>てんき</rt></ruby>を<ruby>表<rt>あらわ</rt></ruby>すときは<ruby>主語<rt>しゅご</rt></ruby>にitを<ruby>使<rt>つか</rt></ruby>い，「それは」と<ruby>訳<rt>やく</rt></ruby>さないことに<ruby>注意<rt>ちゅうい</rt></ruby>。<ruby>天気<rt>てんき</rt></ruby>に<ruby>関<rt>かん</rt></ruby>する<ruby>表現<rt>ひょうげん</rt></ruby>として，rainy「<ruby>雨<rt>あめ</rt></ruby>の」，cloudy「くもりの」，snowy「<ruby>雪<rt>ゆき</rt></ruby>の」，windy「<ruby>風<rt>かぜ</rt></ruby>が<ruby>強<rt>つよ</rt></ruby>い」，hot「<ruby>暑<rt>あつ</rt></ruby>い」，cold「<ruby>寒<rt>さむ</rt></ruby>い」，cool「<ruby>涼<rt>すず</rt></ruby>しい」，warm「<ruby>暖<rt>あたた</rt></ruby>かい」も<ruby>覚<rt>おぼ</rt></ruby>えておこう。

No.10 正解 **3**

放送文 Where does your uncle live?

1 Sometimes.

2 Forty years old.

3 In Osaka.

訳　あなたのおじさんはどこに住んでいるの？

選択肢の訳　**1** ときどきね。　**2** 40歳だよ。　**3** 大阪だよ。

解説　〈Where do[does]＋主語＋動詞のもとの形〜?〉で「…はどこに［で］〜しますか」。女の子は「あなたのおじさんはどこに住んでいるの？」と「男の子のおじさんの住んでいる場所」をたずねているので，男の子の答えとしては「おじさんの住んでいる場所」を具体的に答えている**3**が適切。親族を表す表現として，grandparent「祖父，祖母」，grandfather「祖父」，grandmother「祖母」，father「父」，mother「母」，brother「兄［弟］」，sister「姉［妹］」，uncle「おじ」，aunt「おば」，nephew「おい」，niece「めい」，cousin「いとこ」も覚えておこう。

 第2部　リスニング（問題編p.55）

No.11　正解　**3**

放送文　*A:* I eat toast for breakfast. How about you, Chris?

B: I don't like toast. I eat rice every morning.

Question: What does Chris eat for breakfast?

訳　A：私は朝食にトーストを食べるんだ。あなたはどう，クリス？
B：ぼくはトーストが好きではないんだ。ぼくは毎朝，ご飯を食べるよ。

質問の訳　クリスは朝食に何を食べますか。

選択肢の訳　**1** 卵（複数形）。　**2** トースト。　**3** ご飯。
4 パンケーキ（複数形）。

解説　リスニング第2部では，対話が流れる前に選択肢にざっと目を通して，「何が問われるのか」を予測し，どこに注意して聞くかを考えておこう。例えば，選択肢はすべて「食べもの」なので，what「何を」の質問を予測し，食べものに関する表現に注意して聞く。質問文の〈What do[does]＋主語＋動詞のもとの形〜?〉は「…は何を〜しますか」。B（＝

クリス）は,「ぼくは毎朝，ご飯を食べるよ」と述べているので，**3**が正解。

No.12　正解　2

放送文　*A:* Can I have the butter, please?

B: Yes, here you are.

Question: What does the boy want?

訳　A：バターをくれる？　B：うん，はい，どうぞ。

質問の訳　男の子は何がほしいですか。

選択肢の訳　**1** ミルク。　**2** バター。　**3** 温かい飲みもの。

4 パン。

解説　選択肢はすべて，「食べものや飲みもの」なので，what「何を」の質問を予測し，食べものや飲みものに関する表現に注意して聞く。質問文の〈What do[does]＋主語＋動詞のもとの形〜?〉は「…は何を〜しますか」。Aは「バターをもらってもいいですか」＝「バターをくれる？」と述べているので，**2**が正解。

No.13　正解　2

放送文　*A:* Dad, I can't find my schoolbag. It's not in my bedroom.

B: It's in the kitchen.

Question: Where is the girl's schoolbag?

訳　A：お父さん，学校かばんが見つからないの。寝室に無いんだ。　B：キッチンにあるよ。

質問の訳　女の子の学校かばんはどこにありますか。

選択肢の訳　**1** 彼女の寝室に。　**2** キッチンに。　**3** 学校に。

4 彼女の友達の家に。

解説　選択肢はすべて〈前置詞＋場所〉の形で「〜で」の意味。違いは「場所がどこか」。したがって，where「どこ」の質問を予測し，「場所」に注意して聞く。質問文の〈Where＋be動詞＋主語?〉は「〜はどこにいますか［ありますか］」。「学校かばんが見つからないの」と言った

A（＝娘）に対し，B（＝父親）は「（あなたの学校かばんは）キッチンにあるよ」と述べているので，**2**が正解。家に関する語として，bathroom「ふろ場，トイレ」，living room「居間，リビングルーム」，entrance「玄関」，garden / yard「庭」，stairs「階段」，ceiling「天井」，floor「床」，wall「壁」も覚えておこう。

No.14 正解 **1**

放送文 *A:* I have a blue notebook.

B: Mine is green, and my brother has a yellow one.

Question: Who has a blue notebook?

訳 A：私は青いノートを持っているんだ。 B：ぼくのは緑色で，兄［弟］は黄色いのを持っているんだ。

質問の訳 だれが青いノートを持っていますか。

選択肢の訳 **1** 女の子。 **2** 男の子。 **3** 女の子の兄［弟］。 **4** 男の子の兄［弟］。

解説 選択肢はすべて「人」なので，who「だれ」の質問を予測し，人に関する表現に注意して聞く。質問文の〈Who＋動詞～?〉は「だれが～しますか」という「疑問詞whoが主語の疑問文」。whoは3人称単数扱いするので，動詞がhasとなっていることに注意。A（＝女の子）は「私は青いノートを持っているんだ」と述べているので，**1**が正解。Bの文のmine「私のもの」はmy notebook「私のノート」のこと。また，oneは「前に出た名詞」のくり返しを避けるために使う代名詞で，ここではnotebookのこと。

No.15 正解 **2**

放送文 *A:* When do you eat dinner?

B: I usually eat dinner at 6:30.

Question: When does the girl usually eat dinner?

訳 A：君はいつ夕食を食べるの？ B：私はふつう6時30分に夕食を食べるよ。

質問の訳 女の子はふつう，いつ夕食を食べますか。

21

選択肢の訳　**1** 6時に。　**2** 6時30分に。　**3** 7時に。　**4** 7時30分に。

解説　選択肢はすべて「時刻」なので，what time「何時」やwhen「いつ」の質問を予測し，「時刻」に関する表現に注意して聞く。質問文の〈When do[does]＋主語＋動詞のもとの形〜?〉は「…はいつ〜しますか」。A（＝男の子）に「君はいつ夕食を食べるの?」とたずねられたB（＝女の子）は，「私はふつう6時30分に夕食を食べるよ」と答えているので，**2**が正解。

第3部　リスニング （問題編pp.56〜57）

No.16　正解　**2**

放送文　**1**　Ayako is putting a clock on the bed.
　　　　2　Ayako is putting a clock on the wall.
　　　　3　Ayako is putting a clock on the chair.

訳　**1**　アヤコはベッドの上に時計を置いています。　**2**　アヤコは壁に時計をかけています。　**3**　アヤコはいすの上に時計を置いています。

解説　第3部の問題で放送される3つの英文は共通部分が多く，一部の語句だけが異なっている。異なっている部分が解答のポイントとなるから，そこに注意して聞く。本問の英文はどれも〈Ayako is putting a clock on＋場所.〉という形の文だから，「アヤコは〜の上に時計を置いています」の意味。異なるのは「時計の置き場所」。イラストでは，壁に時計をかけている女の子が描かれているから，**2**が正解。on 〜は「（表面に接して）〜の上に」なので，「壁に接して時計を置いている」→「壁に時計をかけている」の意味になる。掛け時計や置時計はclock，腕時計など携帯用の時計はwatchであることも覚えておこう。

No.17　正解　**3**

放送文　**1**　Jane has many trains.

2 Jane has many albums.

3 Jane has many animals.

訳 **1** ジェインはたくさんの電車を持っています。 **2** ジェインはたくさんのアルバムを持っています。 **3** ジェインはたくさんの動物を飼っています。

解説 本問の英文はどれも〈Jane has many ～.〉の形だから，「ジェインはたくさんの～を持っています」の意味。異なるのは「ジェインがたくさん持っているもの」。イラストでは，たくさんの動物に囲まれた女の子が描かれているから，**3**が正解。

No.18　正解　**2**

放送文 **1** It's five forty-five in the morning.

2 It's five fifty in the morning.

3 It's five fifty-five in the morning.

訳 **1** 午前5時45分です。 **2** 午前5時50分です。 **3** 午前5時55分です。

解説 イラストから，時刻に注意して聞く。本問の英文はどれも〈It's five＋数＋in the morning.〉の形だから，「午前5時～分です」の意味。異なるのは「5時何分か」。イラストでは，5時50分を示す時計が描かれているから，**2**が正解。fifteen「15」とfifty「50」など，似た発音の数字も多いので，発音だけでなくアクセントにも注意して聞く。fifteenのように-teenがついている数字は-teenの部分を，fiftyのように-tyがついている数字は，前の部分（fiftyならfif）を強く読むのが基本。

No.19　正解　**3**

放送文 **1** Ms. Foster is at a department store.

2 Ms. Foster is at a post office.

3 Ms. Foster is at an airport.

訳 **1** フォスターさんはデパートにいます。 **2** フォスターさんは郵便局にいます。 **3** フォスターさんは空港にいます。

解説 本問の英文はどれも〈Ms. Foster is at＋場所.〉の形だから,「フォスターさんは〜にいます」の意味。異なるのは「フォスターさんがいる場所」。イラストでは，空港にいる女性が描かれているから，**3**が正解。施設などの英語として, amusement park「遊園地」, supermarket「スーパーマーケット」, hospital「病院」, station「駅」, park「公園」, shrine「神社」, temple「寺」, police station「警察署」, fire station「消防署」, public hall「公会堂」, city hall「市役所」, airport「空港」, market「市場」も覚えておこう。

No.20 正解 **3**

放送文
1 The pens are in the pencil case.
2 The pens are on the pencil case.
3 The pens are by the pencil case.

訳 1 ペンは筆箱の中にあります。 2 ペンは筆箱の上にあります。
3 ペンは筆箱のそばにあります。

解説 本問の英文はどれも〈The pens are＋前置詞＋the pencil case.〉の形だから,「ペンは筆箱の〜にあります」の意味。異なるのは「筆箱とペンの位置関係」。イラストでは，筆箱のそばにあるペンが描かれているから，**3**が正解。by「〜のそばに」は, near よりもっと近い位置関係を表す。位置を表す前置詞（句）として, on 〜「（表面に接して）〜の上に」, near 〜「〜の近くに」, along 〜「〜に沿って」, in front of 〜「〜の前に」も覚えておこう。

No.21 正解 **2**

放送文
1 Sayaka can swim well.
2 Sayaka can dance well.
3 Sayaka can draw well.

訳 1 サヤカは上手に泳ぐことができます。 2 サヤカは上手におどることができます。 3 サヤカは上手に絵を描くことができます。

解説 本問の英文はどれも〈Sayaka can＋動詞のもとの形＋well.〉の形だから,「サヤカは上手に〜することができます」の意味。異なる

のは「サヤカが上手にできること」。イラストでは，上手におどっている女の子が描かれているから，**2**が正解。

No.22　正解　**1**

放送文　**1**　Harry and Jill are looking at a kangaroo.
　　　　2　Harry and Jill are looking at a rabbit.
　　　　3　Harry and Jill are looking at a lion.

訳　**1**　ハリーとジルはカンガルーを見ています。　**2**　ハリーとジルはウサギを見ています。　**3**　ハリーとジルはライオンを見ています。

解説　本問の英文はどれも〈Harry and Jill are looking at ＋動物名.〉の形だから，「ハリーとジルは〜を見ています」という現在進行形の文。異なるのは「ハリーとジルが見ている動物」。イラストでは，カンガルーを見ている男の子と女の子が描かれているから，**1**が正解。動物を表す英語として，cat「ネコ」，dog「イヌ」，cow「ウシ」，bear「クマ」，monkey「サル」，panda「パンダ」，tiger「トラ」，koala「コアラ」も覚えておこう。

No.23　正解　**3**

放送文　**1**　Christina is washing her car.
　　　　2　Christina is washing her dog.
　　　　3　Christina is washing her hair.

訳　**1**　クリスティーナは車を洗っています。　**2**　クリスティーナはイヌを洗っています。　**3**　クリスティーナは髪を洗っています。

解説　本問の英文はどれも〈Christina is washing her 〜.〉の形だから，「クリスティーナは（彼女の）〜を洗っています」という現在進行形の文。異なるのは「クリスティーナが洗っているもの」。イラストでは，髪を洗っている女の子が描かれているから，**3**が正解。体の部位を表す英語として，head「頭」，face「顔」，eye「目」，nose「鼻」，mouth「口」，neck「首」，elbow「ひじ」，arm「腕」，back「背中」，knee「ひざ」，ankle「足首」も覚えておこう。

No.24 正解 **1**

放送文
1 Rebecca has a fish.

2 Rebecca has a bird.

3 Rebecca has a horse.

訳 1 レベッカは魚を飼っています。 2 レベッカは鳥を飼っています。 3 レベッカはウマを飼っています。

解説 本問の英文はどれも〈Rebecca has＋動物名.〉の形だから,「レベッカは～を飼っています」という文。異なるのは「レベッカが飼っている動物」。イラストでは,水槽の中の魚を見ている女の子が描かれているから,**1**が正解。fish「魚」は,複数形も fish であることも確認しておこう。

No.25 正解 **1**

放送文
1 The cat is jumping.

2 The cat is drinking.

3 The cat is sleeping.

訳 1 ネコは飛び跳ねています。 2 ネコは飲んでいます。 3 ネコは眠っています。

解説 本問の英文はどれも〈The cat is＋動詞の -ing 形.〉の形だから,「ネコは～しています」という現在進行形の文。異なるのは「ネコがしていること」。イラストでは,飛び跳ねているネコが描かれているから,**1**が正解。

26

2023年度 第①回

筆記　解答・解説　　　pp.28〜37
リスニング　解答・解説　pp.37〜50

解答欄

問題番号	1	2	3	4
(1)	①	●	③	④
(2)	①	②	●	④
(3)	●	②	③	④
(4)	●	②	③	④
(5)	①	●	③	④
(6)	●	②	③	④
(7)	①	②	●	④
(8)	①	②	③	●
(9)	①	②	●	④
(10)	●	②	③	④
(11)	●	②	③	④
(12)	①	●	③	④
(13)	①	②	●	④
(14)	①	●	③	④
(15)	●	②	③	④

問題番号 1

解答欄

問題番号	1	2	3	4
(16)	①	②	③	●
(17)	●	②	③	④
(18)	①	②	●	④
(19)	●	②	③	④
(20)	①	②	③	●
(21)	①	②	③	●
(22)	①	②	●	④
(23)	①	●	③	④
(24)	●	②	③	④
(25)	①	②	③	●

問題番号 2 (16)〜(20), 3 (21)〜(25)

リスニング解答欄

問題番号	1	2	3	4
例題	①	②	●	
No. 1	①	②	●	
No. 2	①	●	③	
No. 3	●	②	③	
No. 4	●	②	③	
No. 5	●	②	③	
No. 6	①	②	●	
No. 7	①	②	●	
No. 8	①	●	③	
No. 9	①	②	●	
No. 10	①	●	③	
No. 11	①	②	●	④
No. 12	●	②	③	④
No. 13	①	●	③	④
No. 14	①	②	③	●
No. 15	①	②	③	●
No. 16	①	●	③	
No. 17	●	②	③	
No. 18	①	②	●	
No. 19	①	●	③	
No. 20	①	②	●	
No. 21	①	②	●	
No. 22	①	②	●	
No. 23	①	②	●	
No. 24	①	②	●	
No. 25	●	②	③	

第1部: 例題〜No. 10
第2部: No. 11〜No. 15
第3部: No. 16〜No. 25

(1) 正解 **2**

訳 A：あなたの名前と電話番号をここに書いてください。 B：わかりました。

選択肢の訳 1 鳥 2 名前 3 ドア 4 腕時計，見る

解説 （ ）のある英文は，「あなたの（ ）と電話番号をここに書いてください」という意味。〈Please＋動詞のもとの形〜〉は「（どうか）〜してください」というていねいな命令文。「動詞のもとの形」とは，「sやingなどの付かない形」のこと。動詞はwrite「書く」なので，（ ）には「電話番号とともに書くもの」が入るから，**2の「名前」**を入れれば「あなたの名前と電話番号を書いてください」となって自然な文になる。

(2) 正解 **3**

訳 A：キョウコ，あなたは学校で，理科と数学ではどちらの教科が好きですか。 B：数学です。

選択肢の訳 1 チーム 2 窓 3 教科，科目 4 場所

解説 （ ）のある英文は，「キョウコ，あなたは学校で，理科と数学ではどちらの（ ）が好きですか」という意味。〈Which＋名詞＋do[does]＋主語＋動詞のもとの形，A or B?〉で，「…はAとBでは，どの［どちらの］―を〜しますか」。A or Bの部分が，「理科と数学」でいずれも教科名であることと，B（＝キョウコ）が「数学（が好き）です」と好きな教科を答えていることから，**3の「教科，科目」**を入れれば，「あなたは学校で，理科と数学ではどちらの教科が好きですか」となって自然な文になる。教科を表す英語として，Japanese「国語，日本語」，English「英語」，social studies「社会」，music「音楽」，P.E.「体育」，home economics「家庭科」も覚えておこう。

(3)　正解　**1**

訳　Ａ：新しいケーキショップに行こう，ティナ。　Ｂ：それはいい考えね。

選択肢の訳　**1** 店，ショップ　**2** 自転車　**3** 卵　**4** いす

解説　（　）のある英文は，「新しいケーキ（　）に行こう，ティナ」という意味。〈Let's＋動詞のもとの形〉は「〜しましょう」と相手に提案する表現。（　）の直前がcake「ケーキ」なので，**1**の「店，ショップ」を入れれば「新しいケーキショップに行こう」となって自然な文になる。Let's 〜．には，本問のThat's a good idea.のほか，OK.「わかりました」，Yes, let's.「はい，そうしましょう」，No, let's not.「いいえ，やめましょう」などと答えてもよい。shopは，主に，小型の店で特定の商品やサービスを行う店のこと。storeは，主に，大型の店で多数の商品を扱う店のこと。アメリカではstoreが，イギリスではshopがよく使われる。

(4)　正解　**1**

訳　生徒たちは，ブラウン先生の英語の授業でよくゲームをします。

選択肢の訳　**1** ゲーム，試合（複数形）　**2** 電話（複数形）　**3** 置[掛け]時計（複数形）　**4** カメラ（複数形）

解説　（　）のある英文は，「生徒たちは，ブラウン先生の英語の授業でよく（　）をします」という意味。動詞はplay「（プレー）する」なので，**1**の「ゲーム」を入れれば「英語の授業でよくゲームをします」となって自然な文になる。oftenは「よく，しばしば」という「ひんど」を表す副詞で，①一般動詞の前，②be動詞・助動詞のあとに置くのが基本。掛け時計や置時計はclock，腕時計など携帯用の時計はwatchということも覚えておこう。

(5)　正解　**2**

訳　アリスは朝食にトーストを食べます。

選択肢の訳　**1** 新聞　**2** 朝食　**3** 音楽　**4** 雪

解説 （　　）のある英文は，「アリスは（　　）にトーストを食べます」という意味。トーストを食べる機会である**2**の「**朝食**」を入れれば，「朝食にトーストを食べます」となって自然な文になる。for breakfast「朝食に」のほか，for dinner「夕食に」，for lunch「昼食に」も覚えておこう。

(6)　正解　**1**

訳　ジェシカは彼女の故郷のサッカーチームの大ファンです。

選択肢の訳　1　ファン，愛好者　2　テーブル　3　山　4　箱

解説　（　　）のある英文は，「ジェシカは彼女の故郷のサッカーチームの大（　　）です」という意味。（　　）のあとが「故郷のサッカーチームの」なので，チーム，競技，選手などの愛好家を表す語である**1**の「**ファン**」を入れれば「故郷のサッカーチームの大ファン」となって自然な文になる。本問のfan「ファン，愛好者」と「同じつづりの別の語」として，fan「扇風機，うちわ」も覚えておこう。

(7)　正解　**3**

訳　あの赤い魚を見て。（それは）とても速く泳いでいるよ。

選択肢の訳　1　ボール　2　花　3　魚　4　川

解説　（　　）のある英文には主語がないので命令文で，意味は「あの赤い（　　）を見て」。look at ～で「～を見る」。第2文で「（それは）とても速く泳いでいるよ」と言っているので，泳ぐ生き物である**3**の「**魚**」を入れれば「あの赤い魚を見て」となって，第2文と自然につながる。lookは，見ようとして視線を向けて見ることを表す。seeは，見ようとしなくても自然に視界に入り見えること，watchは，動いたり変化したりするものを見ることであることに注意。fishの複数形はfishであることも覚えておこう。

(8)　正解　**4**

訳　A：じゃあね，ブレンダ。よい一日を。　B：ありがとう。

選択肢の訳　1　食べる　2　行く　3　来る　4　持っている

解説 熟語の問題。**Have a nice day.** は，親しい間柄での別れのあいさつで，「よい一日を」という意味を表す。**Have a nice day.** と言われたら，Thank you. You, too.「ありがとう。あなたもね」などと返すのが基本。byeは「じゃあね，バイバイ」の意味の話し言葉で，bye-byeと同じ意味。BのThanks.「ありがとう」は，Thank you. よりくだけた表現。

(9)　正解　**3**

訳　A：あなたはイングランドの出身ですか，ケイティ？　B：そのとおりです。私はロンドンの出身です。

選択肢の訳　**1**　よく，上手に　**2**　少ない，小さい　**3**　正しい，右（の）　**4**　幸せな

解説 熟語の問題。**That's right.** で「そのとおりです〔間違いありません〕」という意味を表す。〈be動詞＋from＋場所を表す語句〉で「〜の出身です」。Englandは，「英国，イギリス」の意味で使われることもあるがこれは誤った用法であり，正確には「グレートブリテン島から，スコットランドとウェールズを除いた地域」を指す語。

(10)　正解　**1**

訳　ケリーはよく，将来の夢について話します。

選択肢の訳　**1**　〜について　**2**　〜のそばに，〜によって　**3**　〜から　**4**　〜の下で

解説 熟語の問題。**talk about 〜** で「〜について話す」という意味を表す。talk to[with] 〜「〜と話す，〜に話しかける」も，あわせて覚えておこう。dreamには，「夢」という名詞の用法と，「夢を見る，夢見る」という動詞の用法の2つがあることも確認しておこう。

(11)　正解　**1**

訳　ヨシコはときどき夜に宿題をします。

選択肢の訳　**1**　〜に［で］　**2**　〜から（離れて）　**3**　〜のために，〜の間　**4**　〜へ

31

解説 熟語の問題。at nightで「夜に」という意味を表す。似た表現として，at noon「正午に」も覚えておこう。in the morning「朝［午前中］に」，in the afternoon「午後に」，in the evening「夕方［晩］に」は，in the ～の形なので，混同しないこと。〈do＋所有格＋homework〉で「宿題をする」。sometimes「ときどき」は，①一般動詞の前，②be動詞・助動詞のあとに置くのが基本。

(12) 正解 **2**

訳 メグミは13歳です。彼女は中学生です。

選択肢の訳 **1** 果物（複数形） **2** 年（複数形） **3** 手（複数形） **4** 女の子（複数形）

解説 熟語の問題。～ year(s) oldで「～歳」という意味を表す。～year(s) oldは，人間以外の動物や，学校などの創立年などにも使うことに注意。第2文のshe'sはshe isの短縮形。

(13) 正解 **3**

訳 A：お父さん，私を手伝って。今日の宿題はとても難しいの。
B：いいよ。

選択肢の訳 **1** 私は［が］ **2** 私の **3** 私を［に］ **4** 私のもの

解説 代名詞を選ぶ問題。（　）のある英文には主語がないので命令文で，「お父さん，（　）手伝って」という意味。（　）の直前がhelp「助ける」という一般動詞なので，**3**の「私を［に］」（目的格）を入れれば，「私を手伝って」となって自然な文になる。一般動詞のあとの代名詞は目的格にするのが基本であることを確認しておこう。I-my-me-mineと活用する。

(14) 正解 **2**

訳 A：キャシー，何をしているの？　B：私は友達に手紙を書いているの。

選択肢の訳 **1** だれの，だれのもの **2** 何 **3** いつ **4** だれ

解説 疑問詞を選ぶ問題。（　）のある英文には，are（be動詞）と

doing（動詞の-ing形）があるので現在進行形の疑問文。このdoingは，「〜する」という意味の一般動詞の-ing形であることに注意。B（＝キャシー）は「私は友達に手紙を書いているの」と今している最中の動作を答えているので，（　　）に2の「何」を入れれば「何をしているの？」と相手が今している動作をたずねる疑問文になって，自然な会話になる。

(15) 正解 1

訳 私の姉［妹］と私は毎週日曜日に夕食を料理します。

選択肢の訳 1　料理する（もとの形）　2　料理する（3人称単数現在形）　3　料理する（-ing形）　4　料理する（to＋もとの形）

解説 動詞を選ぶ問題。（　　）のある英文は，「私の姉［妹］と私は毎週日曜日に夕食を（　　）」という意味。本問の主語はmy sister and I「私の姉［妹］と私」で複数なので，動詞にはsは付かないから，もとの形である1が適切。3のcookingは，現在進行形（be動詞＋動詞の-ing形）で使うが，（　　）のある英文にはbe動詞areがないので不適切。

---

2 筆記（問題編pp.63〜64）

(16) 正解 4

訳 先生：あなたはふだんどこで野球をしますか，ジャック？　男の子：ぼくの家の近くでです，パーカー先生。

選択肢の訳 1　朝［午前中］です。　2　さようなら。　3　あなたはここにいます。　4　（ぼくの）家の近くでです。

解説 〈Where do[does]＋主語＋動詞のもとの形〜?〉は，「…はどこで〜しますか」と，「場所」をたずねる表現。パーカー先生は「あなたはふだんどこで野球をしますか」と「場所」をたずねているので，男の子の答えとしては「ぼくの家の近くでです」と具体的に「野球をする場所」を答えている4が適切。houseは「建物としての『家，家屋』」で，homeは「家族が家庭生活を送る場所としての『家，家庭』」だが，ア

メリカではhomeがhouseの意味で使われることもある。3は「あなたはここにいます」という意味だが，地図などで「現在地はここです」の意味の表現としても使うことを覚えておこう。

(17)　正解　**1**

訳　女の子：お母さん，ショッピングモールに行こうよ。　母親：今，忙しいの。今日の午後はどう？　女の子：わかったわ。

選択肢の訳　**1**　今日の午後はどう？　**2**　あれはあなたのバッグなの？　**3**　あなたはどの色が好きなの？　**4**　だれがあなたといっしょに行けるの？

解説　momは「お母さん」という意味。家で自分の母親をさすときや，呼びかけのときは，Dad「お父さん」と同様に，大文字で始めてMomと表すことが多い。〈Let's＋動詞のもとの形～〉は「～しましょう」と相手に提案する表現。女の子は，「ショッピングモールに行こうよ」と母親に提案しているが，母親は「今，忙しいの」と答えているので，今は行けないことがわかる。したがって，**1**を選べば，「（今は行けないけれど）今日の午後（ショッピングモールに行くの）はどう？」と母親が提案したことになり，（　　）の直後で女の子が「わかったわ」と言っていることとも自然につながる。

(18)　正解　**3**

訳　父親：あそこにいる男の子たちを知っているかい，フレッド？　男の子：うん，お父さん。彼らはぼくの友達だよ。

選択肢の訳　**1**　ぼくたちは家に帰るところだよ。　**2**　ぼくには彼らが見えないよ。　**3**　彼らはぼくの友達だよ。　**4**　それは学校のためだよ。

解説　〈Do you＋動詞のもとの形～？〉は「あなたは～しますか」という一般動詞の疑問文。父親に，「あそこにいる男の子たちを知っているかい？」とたずねられた男の子（＝フレッド）は，（　　）の直前で「うん」と答えているので，フレッドは「あそこにいる男の子たち」を知っていることがわかる。したがって，**3**を選べば，フレッドが「あそこにいる男の子たち」がだれであるかを父親に説明している発言となり，自

然な会話になる。**1**の we're は we are の，**2**の can't は cannot の，**3**の they're は they are の，**4**の it's は it is の短縮形であることも確認しておこう。

(19) 正解　**1**

訳　女の子：あなたの辞書を使ってもいい，エディー？　男の子：ごめん。今それを使っているんだ。

選択肢の訳　**1**　ごめん。　**2**　君は大丈夫だよ。　**3**　ぼくは150センチだよ。　**4**　それは君のためだよ。

解説　〈Can I ＋動詞のもとの形〜?〉は「〜してもいいですか」と許可を求める表現。女の子が「あなたの辞書を使ってもいい？」と男の子（＝エディー）に許可を求めている場面。（　　）の直後でエディーは「今それを使っているんだ」と答えているので，今は辞書を女の子に貸すことができないことがわかる。したがって，**1**を選べば，辞書を貸してあげられないことへのおわびの表現となって自然な会話になる。I'm sorry.「ごめんなさい」はお詫びするときの決まり文句で，I'm sorry. と言われたら，That's OK.「いいんですよ」などと応じることも覚えておこう。

(20) 正解　**3**

訳　女の子：お父さん，私の赤いペンが見つからないの。　父親：見て。それはテーブルの上にあるよ。

選択肢の訳　**1**　それはすてきだね。　**2**　それは5色あるよ。　**3**　それはテーブルの上にあるよ。　**4**　昼食後に行こう。

解説　〈cannot[can't] ＋動詞のもとの形〉で「〜できない」。女の子に「私の赤いペンが見つからないの」と言われた父親は，（　　）の直前で「見て」と述べているので，**3**を選べば，「それ（＝女の子の赤いペン）はテーブルの上にあるよ」と，女の子の赤いペンがある場所を示してあげる表現となって自然な会話になる。

(21) 正解 4

正しい語順(ただしいごじゅん) how does your sister practice ②④③①

解説(かいせつ) 「…はどのように〜しますか」と,「方法・手段」(ほうほうしゅだん)をたずねるときは,〈How do[does] +主語(しゅご)+動詞(どうし)のもとの形(かたち)〜?〉の語順(ごじゅん)にする。したがって,まず,「呼びかけの語」(よびかけのご)であるJudyのあとにhowを置く。主語(しゅご)のyour sisterは3人称単数(にんしょうたんすう)なので,次(つぎ)にdoesを置(お)き,そのあとに主語(しゅご)のyour sisterを続(つづ)ける。さらにそのあとに,動詞(どうし)のもとの形(かたち)のpracticeを置(お)き,印刷(いんさつ)されているthe pianoにつなげる。

(22) 正解 3

正しい語順(ただしいごじゅん) get up at six ②①④③

解説(かいせつ) 一般動詞(いっぱんどうし)の英文(えいぶん)は,〈主語(しゅご)(〜は)+動詞(どうし)(〜する)+目的語(もくてきご)(〜を[に])+場所(ばしょ)や時(とき)や様子(ようす)を表(あらわ)す語句(ごく).〉の語順(ごじゅん)が基本(きほん)。したがって,まず,印刷(いんさつ)されているI(主語(しゅご))とalways(副詞(ふくし))のあとに,「起(お)きる」get upを置(お)く。副詞(ふくし)は「場所(ばしょ)や時(とき)や様子(ようす)を表(あらわ)す語句(ごく)」なので,文(ぶん)の終(お)わりに置(お)くのが原則(げんそく)だが,alwaysは,①一般動詞(いっぱんどうし)の前(まえ),②be動詞(どうし)・助動詞(じょどうし)のあとに置(お)くのが基本(きほん)なので,get(一般動詞(いっぱんどうし))の前(まえ)にalwaysがあることに注意(ちゅうい)。本問(ほんもん)では「目的語(もくてきご)(〜を[に])」はないので,get upのあとに「時(とき)を表(あらわ)す語句(ごく)」であるat six「6時(じ)に」を続(つづ)け,印刷(いんさつ)されているin the morningにつなげる。「〜時(じ)に」は〈at+数字(すうじ)〉で表(あらわ)すことを確認(かくにん)しておこう。

(23) 正解 2

正しい語順(ただしいごじゅん) We clean our classroom ④①③②

解説(かいせつ) 一般動詞(いっぱんどうし)の英文(えいぶん)は,〈主語(しゅご)(〜は)+動詞(どうし)(〜する)+目的語(もくてきご)(〜を[に])+場所(ばしょ)や時(とき)や様子(ようす)を表(あらわ)す語句(ごく).〉の語順(ごじゅん)が基本(きほん)。したがって,まず,主語(しゅご)のwe「私(わたし)たちは」を置(お)き,動詞(どうし)のclean「掃除(そうじ)する」を続(つづ)

ける。次に目的語の our classroom「(私たちの) 教室」を置き，語群外の every day (時を表す語句) につなげる。日本文では「教室」と書いてあるが，英語では，we の所有格 our を使って「私たちの教室」と表すことに注意。

(24) 正解 1

正しい語順 Can you close the window ③①②④

解説 「〜してくれませんか」と相手に依頼するときは，〈Can you＋動詞のもとの形〜 (, please)?〉の語順にする。したがって，まず文のはじめに Can you を置き，次に，動詞のもとの形の close「閉める」を続け，そのあとに目的語の the window「窓」を置き，印刷されている, please? につなげる。

(25) 正解 4

正しい語順 Who is walking with ④②①③

解説 問題の日本文は「鈴木先生と歩いているのはだれですか」だが，「だれが鈴木先生と歩いていますか」という英文を作る。「だれが〜しますか」という「疑問詞 who が主語の疑問文」は，〈Who＋動詞〜?〉の語順にする。本問は「歩いていますか」という現在進行形の疑問文であり，who は3人称単数扱いなので be 動詞は is を使い，〈Who is＋動詞の -ing 形〜?〉という形になる。したがって，まず Who is を置き，次に動詞の -ing 形の walking を続け，そのあとに with「〜と (いっしょに)」を置いて，印刷されている Mr. Suzuki につなげる。

第1部 **リスニング** (問題編 pp.67〜68)

〔例題〕 Is this your bag?

　　　　1 Sure, I can. **2** On the chair. **3** Yes, it is. 〔正解〕 3

訳 これはあなたのかばんですか。

選択肢の訳 **1** もちろん，できます。 **2** いすの上に。 **3** はい，

そうです。

No.1　正解　3

放送文　Do you have a cat?

　1　Yes, I know.

　2　Thank you.

　3　No, but I want one.

訳　君はネコを飼っているの？

選択肢の訳　**1**　うん，知っているよ。　**2**　ありがとう。　**3**　いいえ，でも一匹ほしいんだ。

解説　〈Do you＋動詞のもとの形〜?〉は「あなたは〜しますか」という一般動詞の疑問文。Do you 〜?と聞かれたら，Yes (, I do). またはNo (, I do not[don't]). で答えるのが基本。選択肢の中で，Yes / Noを使っているのは**1**と**3**だが，**3**を選べば「君はネコを飼っているの？」→「いいえ（飼っていないよ），でも一匹ほしいんだ」となって自然な会話になる。oneは，「前に出た名詞」のくり返しを避けるために使う代名詞で，ここではcatのこと。haveの基本は「持っている」の意味だが，have a cat「ネコを持っている」→「ネコを飼っている」，have a friend「友達を持っている」→「友達がいる」など，いろいろな日本語に訳されるので注意しよう。

No.2　正解　2

放送文　What's in the basket, Dad?

　1　That's cute.

　2　Some potatoes.

　3　It's hot.

訳　何がかごの中に入っているの，お父さん？

選択肢の訳　**1**　それはかわいいね。　**2**　何個かのジャガイモだよ。　**3**　暑いね。

解説　〈What is＋場所を表す語句?〉で「〜に何があります［います］か」。女の子は父親に「何がかごの中に入っているの？」とたずねているので，

父親の返答としては,「何個かのジャガイモだよ」と中に入っているものを具体的に答えている**2**が適切。be動詞には,「〜です」のほかに,本問のように「〜にいます［あります］」の意味もあることを確認しておこう。

No.3　正解　**1**

放送文　Do you like sports?

  1　No, I don't.

  2　No, it isn't.

  3　No, I'm not.

訳　君はスポーツが好きなの?

選択肢の訳　**1**　いいえ, 好きじゃないよ。　**2**　いいえ,（それは）ちがうよ。　**3**　いいえ,（私は）ちがうよ。

解説　Do you 〜?は一般動詞の疑問文。Yes (, I do). または No (, I do not[don't]). で答えるのが基本。**1**はNo, I don't like sports.「いいえ, 私はスポーツが好きではありません」ということで, 質問に対する答えとしても適切なので, これが正解。本問のsportsのように, likeのあとの「数えられる名詞」は, ふつう複数形にすることも確認しておこう。

No.4　正解　**1**

放送文　How much is this watch?

  1　Eighty dollars.

  2　For two hours.

  3　At five.

訳　この腕時計はいくらですか。

選択肢の訳　**1**　80ドルです。　**2**　2時間です。　**3**　5時です。

解説　〈How much＋be動詞＋主語?〉は「〜はいくらですか」と値段をたずねる表現。女性は店員に「この腕時計はいくらですか」とたずねているので, 店員の返答としては,「80ドルです」と値段を具体的に答えている**1**が適切。dollar「ドル」はアメリカなどの通貨単位。dollar

の複数形はdollarsだが，日本の通貨単位のyen「円」の複数形はyenであることに注意。**2**のfor ～は「～間」と期間を表す表現であることも確認しておこう。

No.5 正解 **1**

放送文 Do you have a social studies test today?

   1 No, it's tomorrow.

   2 No, I'm a student.

   3 No, it's in my bag.

訳 今日は社会のテストがあるの？

選択肢の訳 **1** ううん，明日だよ。 **2** ううん，ぼくは生徒だよ。

3 ううん，それはぼくのバッグの中にあるよ。

解説 Do you ～？と聞かれたら，Yes (, I do). または No (, I do not[don't]). で答えるのが基本だが，選択肢の文はすべて noを使っていて，do も使っていないので，内容から考える。女性は「今日は社会のテストがあるの？」とたずねているので，男の子の返答として**1**を選べば，「ううん，（今日ではなく社会のテストは）明日だよ」と社会のテストの行われる日を答える文となって自然な会話になる。教科を表す英語として，Japanese「国語，日本語」，science「理科」，math「数学」，English「英語」，music「音楽」，P.E.「体育」，home economics「家庭科」も覚えておこう。

No.6 正解 **3**

放送文 How many students are in your club?

   1 My name is Jack.

   2 On Thursdays.

   3 Thirteen.

訳 あなたのクラブには何人の生徒がいるの？

選択肢の訳 **1** ぼくの名前はジャックだよ。 **2** 毎週木曜日だよ。

3 13人だよ。

解説 〈How many＋名詞の複数形～？〉は，「いくつの［何人の］…が

〜ですか」と「数」をたずねる表現。女の子は「あなたのクラブには何人の生徒がいるの？」と「部員数」をたずねているので，男の子の返答としては，「13人」と部員数を具体的に答えている **3** が適切。**2** の on Thursdays のような〈on＋曜日名の複数形〉は「（毎週）〜曜日に」の意味で，〈on＋曜日名の単数形〉より，習慣の意味が強い表現であることも確認しておこう。

No.7　正解　**3**

放送文　When can we go cycling?

  1　The department store.

  2　Some new shirts.

  3　This weekend.

訳　いつサイクリングに行けるの？

選択肢の訳　**1**　そのデパートだよ。　**2**　何枚かの新しいシャツだよ。
3　今週末だよ。

解説　〈When can＋主語＋動詞のもとの形〜?〉は，「…はいつ〜できますか」と，「時」をたずねる表現。女の子は男性に「いつサイクリングに行けるの？」とたずねているから，男性の返答としては「今週末だよ」と，サイクリングに行ける時を具体的に答えている **3** が適切。weekend「週末」は，ふつう「金曜日の夜から日曜日まで」を言う。〈go＋-ing形〉でよく使われる表現として，go shopping「買い物に行く」，go swimming「泳ぎに行く」，go camping「キャンプに行く」，go fishing「つりに行く」も覚えておこう。

No.8　正解　**2**

放送文　Do you like my new shoes?

  1　Yes, that's $20.

  2　Yes, they're pretty.

  3　Yes, it's my birthday.

訳　あなたは私の新しい靴が好き？

選択肢の訳　**1**　うん，20ドルだよ。　**2**　うん，かわいいね。　**3**　うん，

ぼくの誕生日^{たんじょうび}だよ。

解説 Do you 〜?と聞かれたら，Yes (, I do).または No (, I do not[don't]).で答えるのが基本だが，選択肢の文はすべてyesを使っていて，doを使っていないので，内容から考える。女性は「あなたは私の新しい靴が好き？」とたずねているので，男性の返答として**2**を選べば，「うん，（その靴は）かわいいね」と女性の靴の感想を述べる文となって自然な会話になる。**2**の主語がthey（＝複数を指す代名詞）になっているように，「2つの部分からなるもの」は複数形で表すのが基本。このような語として，shoesのほか，boots「ブーツ，長靴」，gloves「手袋」，glasses「メガネ」，scissors「ハサミ」，socks「靴下」も覚えておこう。

No.9 正解 **3**

放送文 How long is that bridge?

   1 For one hour.

   2 I have a car.

   3 It's about 50 meters.

訳 あの橋はどのくらいの長さなの？

選択肢の訳 **1** 1時間だよ。 **2** 私は車を持っているよ。 **3** およそ50メートルだよ。

解説 〈How long＋be動詞＋主語?〉は，「…はどのくらいの長さですか」と，「（ものや時間の）長さ」をたずねる表現。男性は女性に「あの橋はどのくらいの長さなの？」とたずねているから，女性の返答としては「およそ50メートルだよ」と，橋の長さを具体的に答えている**3**が適切。

No.10 正解 **2**

放送文 I'm going to my friend's house.

   1 It's in the kitchen.

   2 Have a good time.

   3 I don't know.

訳 友達の家に行ってくるね。

選択肢の訳　**1**　それは台所にあるよ。　**2**　楽しんできてね。　**3**　ぼくはわからないよ。

解説　放送文は，I'm going 〜の形なので，現在進行形の文。女の子は「私は友達の家に行くところです［＝友達の家に行ってくるね］」と言っているので，友達に会いに出かけるところだとわかる。したがって，男性の返答としては**2**の「楽しんできてね」が適切。have a good timeは，「楽しい時を過ごす」の意味の重要熟語。

第2部　リスニング（問題編p.69）

No.11　正解　**3**

放送文　*A:* When is your concert, Amanda?

　　　B: On Saturday. Please come, Dad.

　　　Question: When is Amanda's concert?

訳　A：（あなたの）コンサートはいつなの，アマンダ？　B：土曜日だよ。来てね，お父さん。

質問の訳　アマンダのコンサートはいつですか。

選択肢の訳　**1**　木曜日。　**2**　金曜日。　**3**　土曜日。　**4**　日曜日。

解説　リスニング第2部では，対話が流れる前に選択肢にざっと目を通して，「何が問われるのか」を予測し，どこに注意して聞くかを考えておこう。例えば，No. 11の選択肢はすべて，〈On＋曜日名〉「〜曜日に」という形なので，when「いつ」の質問を予測し，曜日に関する表現に注意して聞く。質問文の〈When＋be動詞＋主語?〉は「〜はいつですか」。「コンサートはいつなの？」とたずねられたB（＝アマンダ）は，「土曜日だよ」と答えているので，**3**が正解。

No.12　正解　**1**

放送文　*A:* Is this green umbrella yours, Mike?

　　　B: No, that's Helen's. Mine is black.

Question: Whose umbrella is green?

訳 　A：この緑色（みどりいろ）の傘（かさ）はあなたのものなの，マイク？　B：いいや，それはヘレンのものだよ。ぼくの（傘（かさ））は黒（くろ）いんだ。

質問の訳 　だれの傘（かさ）が緑色（みどりいろ）ですか。

選択肢の訳 　**1** 　ヘレンのもの。　**2** 　マイクのもの。　**3** 　ヘレンの姉（あね）[妹（いもうと）]のもの。　**4** 　マイクの姉（あね）[妹（いもうと）]のもの。

解説 　選択肢（せんたくし）はすべて〈〜's〉「〜のもの[傘（かさ）]」で，違（ちが）いは「だれのもの[傘（かさ）]か」。したがって，Whose 〜?の質問（しつもん）を予測（よそく）し，「だれの傘（かさ）か」に注意（ちゅうい）して聞（き）く。質問文（しつもんぶん）の〈Whose＋名詞（めいし）＋be動詞（どうし）＋主語（しゅご）?〉は「〜はだれの…ですか」と持（も）ち主（ぬし）をたずねる表現（ひょうげん）。「この緑色（みどりいろ）の傘（かさ）はあなたのものなの?」とたずねられたB（＝マイク）は，「いいや，それはヘレンのものだよ」と述（の）べているので，**1** が正解（せいかい）。リスニング第（だい）2部（ぶ）では，この問題（もんだい）のように，Noで否定（ひてい）したあとに正（ただ）しい答（こた）えが続（つづ）くことが多（おお）いので，Noで答（こた）えたあとに述（の）べられる内容（ないよう）には特（とく）に注意（ちゅうい）して聞（き）く。

No.13　正解　2

放送文 　*A:* Can I have a banana?

　　　B: Yes. There's one on the table.

Question: Where is the banana?

訳 　A：バナナを食（た）べてもいい？　B：うん。テーブルの上（うえ）に1本（ぽん）あるよ。

質問の訳 　バナナはどこにありますか。

選択肢の訳 　**1** 　テーブルの下（した）に。　**2** 　テーブルの上（うえ）に。　**3** 　いすの下（した）に。　**4** 　いすの上（うえ）に。

解説 　選択肢（せんたくし）はすべて〈前置詞（ぜんちし）＋場所（ばしょ）〉「〜の下（した）[上（うえ）]に」で，違（ちが）いは「場所（ばしょ）がどこか」。したがって，Where 〜?の質問（しつもん）を予測（よそく）し，「場所（ばしょ）」に注意（ちゅうい）して聞（き）く。質問文（しつもんぶん）の〈Where＋be動詞（どうし）＋主語（しゅご）?〉は「〜はどこにいますか[ありますか]」と場所（ばしょ）をたずねる表現（ひょうげん）。「バナナを食（た）べてもいい?」とたずねられたBは，「うん。テーブルの上（うえ）に1本（ぽん）あるよ」と述（の）べているので，**2** が正解（せいかい）。果物（くだもの）を表（あらわ）す語（ご）として，strawberry「イチゴ」，orange「オレンジ」，lemon「レモン」，watermelon「すいか」，

apple「リンゴ」，pineapple「パイナップル」，peach「モモ」も覚え<ruby>覚<rt>おぼ</rt></ruby>ておこう。

No.14　正解　**4**

<ruby>解答<rt>かいとう</rt></ruby>・<ruby>解説<rt>かいせつ</rt></ruby>

放送文　*A:* I have a new cat. Do you have any pets?

　　　B: No, but my grandma has a fish and a rabbit.

　　　Question: What does the boy have?

訳　　A：ぼくは<ruby>新<rt>あたら</rt></ruby>しいネコを<ruby>飼<rt>か</rt></ruby>っているんだ。<ruby>君<rt>きみ</rt></ruby>はペットを<ruby>飼<rt>か</rt></ruby>っているの？　B：いいえ，でもおばあちゃんが<ruby>魚<rt>さかな</rt></ruby>とウサギを<ruby>飼<rt>か</rt></ruby>っているんだ。

質問の訳　<ruby>男<rt>おとこ</rt></ruby>の<ruby>子<rt>こ</rt></ruby>は<ruby>何<rt>なに</rt></ruby>を<ruby>飼<rt>か</rt></ruby>っていますか。

選択肢の訳　**1** <ruby>魚<rt>さかな</rt></ruby>。　**2** イヌ。　**3** ウサギ。　**4** ネコ。

解説　選択肢<ruby>選択肢<rt>せんたくし</rt></ruby>はすべて<ruby>動物名<rt>どうぶつめい</rt></ruby>なので，What ～?の<ruby>質問<rt>しつもん</rt></ruby>を<ruby>予測<rt>よそく</rt></ruby>し，「<ruby>動物<rt>どうぶつ</rt></ruby><ruby>名<rt>めい</rt></ruby>」に<ruby>注意<rt>ちゅうい</rt></ruby>して<ruby>聞<rt>き</rt></ruby>く。<ruby>質問文<rt>しつもんぶん</rt></ruby>の〈What do [does]＋<ruby>主語<rt>しゅご</rt></ruby>＋<ruby>動詞<rt>どうし</rt></ruby>のもとの<ruby>形<rt>かたち</rt></ruby>～?〉は「…は<ruby>何<rt>なに</rt></ruby>を～しますか」。A（＝<ruby>男<rt>おとこ</rt></ruby>の<ruby>子<rt>こ</rt></ruby>）は，「ぼくは<ruby>新<rt>あたら</rt></ruby>しいネコを<ruby>飼<rt>か</rt></ruby>っているんだ」と<ruby>述<rt>の</rt></ruby>べているので，**4**が<ruby>正解<rt>せいかい</rt></ruby>。<ruby>動物<rt>どうぶつ</rt></ruby>を<ruby>表<rt>あらわ</rt></ruby>す<ruby>英語<rt>えいご</rt></ruby>として，lion「ライオン」，bear「クマ」，cow「ウシ」，monkey「サル」，panda「パンダ」，pig「ブタ」，tiger「トラ」，koala「コアラ」も<ruby>覚<rt>おぼ</rt></ruby>えておこう。

No.15　正解　**2**

放送文　*A:* Luke, is your sister six years old?

　　　B: No, she's five.

　　　Question: How old is Luke's sister?

訳　　A：ルーク，あなたの<ruby>妹<rt>いもうと</rt></ruby>さんは6<ruby>歳<rt>さい</rt></ruby>なの？　B：いいや，<ruby>彼女<rt>かのじょ</rt></ruby>は5<ruby>歳<rt>さい</rt></ruby>だよ。

質問の訳　ルークの<ruby>妹<rt>いもうと</rt></ruby>は<ruby>何歳<rt>なんさい</rt></ruby>ですか。

選択肢の訳　**1** 4<ruby>歳<rt>さい</rt></ruby>。　**2** 5<ruby>歳<rt>さい</rt></ruby>。　**3** 6<ruby>歳<rt>さい</rt></ruby>。　**4** 7<ruby>歳<rt>さい</rt></ruby>。

解説　<ruby>選択肢<rt>せんたくし</rt></ruby>はすべて<ruby>数<rt>かず</rt></ruby>なので，How many ～?やHow old ～?の<ruby>質問<rt>しつ</rt></ruby><ruby>問<rt>もん</rt></ruby>を<ruby>予測<rt>よそく</rt></ruby>し，「<ruby>数<rt>かず</rt></ruby>」や「<ruby>年齢<rt>ねんれい</rt></ruby>」に<ruby>注意<rt>ちゅうい</rt></ruby>して<ruby>聞<rt>き</rt></ruby>く。<ruby>質問文<rt>しつもんぶん</rt></ruby>の〈How old＋be<ruby>動詞<rt>どうし</rt></ruby>＋<ruby>主語<rt>しゅご</rt></ruby>?〉は「～は<ruby>何歳<rt>なんさい</rt></ruby>ですか」。「あなたの<ruby>妹<rt>いもうと</rt></ruby>さんは6<ruby>歳<rt>さい</rt></ruby>なの？」とたずねられたB（＝ルーク）は，「いいや，<ruby>彼女<rt>かのじょ</rt></ruby>は5<ruby>歳<rt>さい</rt></ruby>だよ」と<ruby>述<rt>の</rt></ruby>べ

CD赤

ているので，**2**が正解。

第3部 リスニング （問題編pp.70〜71）

No.16 正解 **2**

放送文
1 Henry's foot is 8 centimeters long.

2 Henry's foot is 18 centimeters long.

3 Henry's foot is 28 centimeters long.

訳 **1** ヘンリーの足は長さ8センチです。 **2** ヘンリーの足は長さ18センチです。 **3** ヘンリーの足は長さ28センチです。

解説 第3部の問題で放送される3つの英文は共通部分が多く，一部の語句だけが異なっている。異なっている部分が解答のポイントとなるから，そこに注意して聞く。本問の英文はどれも〈Henry's foot is 〜 centimeters long.〉という形の文だから，「ヘンリーの足は長さ〜センチです」の意味。異なるのは「ヘンリーの足の長さ」。イラストでは，足の長さが18センチの男の子が描かれているから，**2**が正解。footは「足」（「くるぶし以下の部分」）の意味で，leg「脚，足」（太ももからくるぶしまでの部分）と区別する。体の部位を表す英語として，face「顔」，eye「目」，nose「鼻」，mouth「口」，neck「首」，elbow「ひじ」，arm「腕」，back「背中」，knee「ひざ」，ankle「足首」も覚えておこう。

No.17 正解 **1**

放送文
1 Vanessa is using chopsticks.

2 Vanessa is washing chopsticks.

3 Vanessa is buying chopsticks.

訳 **1** ヴァネッサは箸を使っています。 **2** ヴァネッサは箸を洗っています。 **3** ヴァネッサは箸を買っています。

解説 本問の英文はどれも〈Vanessa is ＋動詞の -ing形 ＋

chopsticks.〉の形だから,「ヴァネッサは箸を〜しています」という現在進行形の文。異なるのは「ヴァネッサが箸をどうしているのか」。イラストでは,箸を使っている女の子が描かれているから,**1**が正解。

No.18 正解 **3**

放送文　**1**　Sho goes to the park at nine every night.

　　　　2　Sho takes a shower at nine every night.

　　　　3　Sho goes to bed at nine every night.

訳　**1**　ショウは毎晩9時に公園に行きます。　**2**　ショウは毎晩9時にシャワーを浴びます。　**3**　ショウは毎晩9時に寝ます。

解説　本問の英文はどれも〈Sho 〜 at nine every night.〉の形だから,「ショウは毎晩9時に〜します」の意味。異なるのは「ショウが毎晩9時にすること」。イラストでは,窓の外は夜で,9時を示す時計とベッドに入ろうとしている男の子が描かれているから,**3**が正解。go to bedは「(眠っているかどうかに関係なく)床につく」ことを意味する熟語。sleep「眠る(=眠っている状態)」としっかり区別すること。**2**のtake a shower「シャワーを浴びる」も重要熟語として覚えておこう。

No.19 正解 **2**

放送文　**1**　Mr. Yamada works at a museum.

　　　　2　Mr. Yamada works at a post office.

　　　　3　Mr. Yamada works at a hamburger shop.

訳　**1**　ヤマダさんは博物館[美術館]で働いています。　**2**　ヤマダさんは郵便局で働いています。　**3**　ヤマダさんはハンバーガーショップで働いています。

解説　本問の英文はどれも〈Mr. Yamada works at 〜.〉の形だから,「ヤマダさんは〜で働いています」の意味。異なるのは「ヤマダさんが働いている場所」。イラストでは,郵便局で働いている男性が描かれているから,**2**が正解。職場に関する語句として,train station「(鉄道の)駅」,police station「警察署」,fire station「消防署」,amusement park「遊園地」,department store「デパート」,supermarket「スーパーマー

47

ケット」, hospital「病院」, public hall「公会堂」, city hall「市役所」, airport「空港」, market「市場」も覚えておこう。

No.20　正解　**2**

放送文　**1**　The lion is 215 kilograms.

2　The lion is 250 kilograms.

3　The lion is 350 kilograms.

訳　**1**　そのライオンは215キロです。　**2**　そのライオンは250キロです。　**3**　そのライオンは350キロです。

解説　イラストから，ライオンの重さに注意して聞く。本問の英文はどれも〈The lion is ～ kilograms.〉の形だから，「そのライオンは～キロです」の意味。異なるのは「ライオンの重さ」。イラストでは，250キロのライオンが描かれているから，**2**が正解。fifteen「15」とfifty「50」など，似た発音の数字も多いので，発音だけでなくアクセントにも注意して聞く。fifteenのように-teenがついている数字は-teenの部分を，fiftyのように-tyがついている数字は，前の部分（fiftyならfif）を強く読むのが基本。

No.21　正解　**3**

放送文　**1**　A horse is eating by the house.

2　A pig is eating by the house.

3　A sheep is eating by the house.

訳　**1**　ウマが家のそばで食べています。　**2**　ブタが家のそばで食べています。　**3**　ヒツジが家のそばで食べています。

解説　本問の英文はどれも〈～ is eating by the house.〉の形で，by ～は「～のそばで」の意味だから，「～が家のそばで食べています」という現在進行形の文。異なるのは「何が食べているか」。イラストでは，草を食べているヒツジが描かれているから，**3**が正解。sheep「ヒツジ」は，複数形もsheepであることも覚えておこう。

No.22 　正解　**2**

放送文　**1**　The bird is on Julie's leg.

2　The bird is on Julie's shoulder.

3　The bird is on Julie's head.

訳　**1**　その鳥はジュリーの足の上にいます。　**2**　その鳥はジュリーの肩の上にいます。　**3**　その鳥はジュリーの頭の上にいます。

解説　本問の英文はどれも〈The bird is on Julie's ＋体の部位.〉の形だから，「その鳥はジュリーの～の上にいます」という意味。異なるのは「鳥がいる場所」。イラストでは，女の子の肩の上にいる鳥が描かれているから，**2**が正解。on は「（接触して）～の上に」の意味であることを確認しておこう。

No.23 　正解　**3**

放送文　**1**　Brad is cleaning a shirt.

2　Brad is cleaning a car.

3　Brad is cleaning a window.

訳　**1**　ブラッドはシャツをきれいにしています。　**2**　ブラッドは車をきれいにしています。　**3**　ブラッドは窓をきれいにしています。

解説　本問の英文はどれも〈Brad is cleaning ～.〉の形だから，「ブラッドは～をきれいにしています」という現在進行形の文。異なるのは「ブラッドがきれいにしているもの」。イラストでは，窓をきれいにしている男性が描かれているから，**3**が正解。家の部分を表す語句として，floor「床」，wall「壁」，ceiling「天井」，door「ドア」，roof「屋根」も確認しておこう。

No.24 　正解　**3**

放送文　**1**　Brenda is writing a letter.

2　Brenda is making breakfast.

3　Brenda is talking on the phone.

訳　**1**　ブレンダは手紙を書いています。　**2**　ブレンダは朝食を作っ

ています。　**3**　ブレンダは電話で話しています。

解説　本問の英文はどれも〈Brenda is＋動詞の-ing形〜.〉の形だから，「ブレンダは〜しています」という現在進行形の文。異なるのは「ブレンダがしていること」。イラストでは，電話で話している女性が描かれているから，**3**が正解。talk on the phone「電話で話す」は重要熟語。

No.25　正解　**1**

放送文　**1**　Mark is swimming in the sea.

　　　　　2　Mark is swimming in a river.

　　　　　3　Mark is swimming in a pool.

訳　**1**　マークは海で泳いでいます。　**2**　マークは川で泳いでいます。
3　マークはプールで泳いでいます。

解説　本問の英文はどれも〈Mark is swimming in＋場所.〉の形だから，「マークは〜で泳いでいます」という現在進行形の文。異なるのは「マークが泳いでいる場所」。イラストでは，海で泳いでいる男性が描かれているから，**1**が正解。swim はmを重ねて-ingを付けることも確認しておこう。自然を表す語として，mountain「山」，island「島」，lake「湖」，pond「池，沼」，sky「空」，star「星」も覚えておこう。

2022年度 第3回

筆記 解答・解説　pp.52～61
リスニング 解答・解説　pp.62～74

解答欄

問題番号		1	2	3	4
1	(1)			●	
	(2)	●			
	(3)				●
	(4)	●			
	(5)	●			
	(6)		●		
	(7)			●	
	(8)	●			
	(9)	●			
	(10)			●	
	(11)	●			
	(12)				●
	(13)				●
	(14)	●			
	(15)		●		

解答欄

問題番号		1	2	3	4
2	(16)		●		
	(17)		●		
	(18)			●	
	(19)				●
	(20)	●			
3	(21)		●		
	(22)			●	
	(23)			●	
	(24)			●	
	(25)		●		

リスニング解答欄

問題番号		1	2	3	4
	例題	①	②	●	
第1部	No. 1	●	②	③	
	No. 2	①	●	③	
	No. 3	①	●	③	
	No. 4	①	●	③	
	No. 5	①	●	③	
	No. 6	①	●	③	
	No. 7	①	②	●	
	No. 8	●	②	③	
	No. 9	①	●	③	
	No. 10	①	②	●	
第2部	No. 11	●	②	③	④
	No. 12	①	●	③	④
	No. 13	①	●	③	④
	No. 14	①	②	●	④
	No. 15	①	②	③	④ ●
第3部	No. 16	●	②	③	
	No. 17	①	②	●	
	No. 18	●	②	③	
	No. 19	①	●	③	
	No. 20	①	●	③	
	No. 21	●	②	③	
	No. 22	①	②	●	
	No. 23	●	②	③	
	No. 24	①	②	●	
	No. 25	●	②	③	

(1) 正解 **3**

訳 ジルは友達とバンドで歌います。

選択肢の訳 **1** 置く（３人称単数現在形） **2** （絵の具で）描く（３人称単数現在形） **3** 歌う（３人称単数現在形） **4** 話す（３人称単数現在形）

解説 動詞を選ぶ問題。（　　）のある英文は、「ジルは友達とバンドで（　　）」という意味。in 〜は「〜で」。with 〜は「〜と（いっしょに）」。バンドは音楽活動をするグループのことだから、**3**の「歌う」を入れれば、「バンドで歌います」となって自然な文になる。主語のJill「ジル」は３人称単数なので、singという動詞の終わりに-sがついていることに注意。sing「歌う」（動詞）とsong「歌」（名詞）をしっかり区別すること。

(2) 正解 **1**

訳 A：ああ、あなたの絵はとてもすてきです、リンダ。私はそれがとても好きです。　B：ありがとうございます、ウィルソン先生。

選択肢の訳 **1** すてきな **2** 背が高い **3** 残念な、申し訳ない **4** 若い

解説 形容詞を選ぶ問題。（　　）のある英文は、「ああ、あなたの絵はとても（　　）です、リンダ」という意味。A（＝ウィルソン先生）は、（　　）のある英文の直後で「私はそれ（＝リンダの絵）がとても好きです」と述べているので、リンダの絵をほめる言葉である**1**の「すてきな」を入れれば、「あなたの絵はとてもすてきです」となって、自然な会話になる。**2**のtallの反対の意味の語はshort「背が低い」、**4**のyoungの反対の意味の語はold「年をとった」であることも確認しておこう。

(3) **正解 4**

> **訳** 私には一人の姉［妹］がいます。彼女は10歳です。

> **選択肢の訳** **1** 息子 **2** 父 **3** 兄［弟］ **4** 姉［妹］

> **解説** （　）のある英文は，「私には一人の（　）がいます」という意味。第2文の主語であるshe「彼女は」は「女性を指す代名詞」で，第1文の（　）の語を指すので，（　）の語は「女性」を表す語であることがわかる。選択肢の中で女性を表す語は，**4の「姉［妹］」**だけなので，**4**が正解。家族，親族を表す表現として，grandparent「祖父，祖母」, grandfather「祖父」, grandmother「祖母」, mother「母」, daughter「娘」, uncle「おじ」, aunt「おば」, nephew「おい」, niece「めい」, cousin「いとこ」も覚えておこう。

(4) **正解 1**

> **訳** Ａ：見て。雪が降っているよ。　Ｂ：うん，とても寒いね。

> **選択肢の訳** **1** 雪が降る（-ing形） **2** 読む（-ing形） **3** 言う（-ing形） **4** 話す，教える（-ing形）

> **解説** it'sはit isの短縮形で，選択肢はすべて動詞の-ing形なので，（　）のある英文は，現在進行形の文。Ｂは「うん，とても寒いね」と述べているので，**1の「雪が降る」**（-ing形）を入れれば，「雪が降っているよ」となって寒い天気の様子を表す自然な会話になる。（　）のある英文のように，天気を表すときは主語にitを使い，「それは」と訳さないことに注意。snowには「雪が降る」（動詞）と「雪」（名詞）の2つの意味がある。rainも「雨が降る」（動詞）と「雨」（名詞）の2つの意味があることを確認しておこう。

(5) **正解 1**

> **訳** Ａ：あなたはよくレストランに行きますか。　Ｂ：はい，私はおいしい食べ物が好きです。

> **選択肢の訳** **1** レストラン（複数形） **2** 木（複数形） **3** カメラ（複数形） **4** 部屋（複数形）

解説　〈Do you＋動詞のもとの形～?〉は「あなたは～しますか」。「動詞のもとの形」とは、「sやingなどの付かない形」のこと。oftenは「よく、しばしば」という「ひん度」を表す副詞で、①一般動詞の前、②be動詞・助動詞のあとに置くのが基本。（　）のある英文は、「あなたはよく（　）に行きますか」という意味。Bは「はい、私はおいしい食べ物が好きです」と答えているので、おいしい食べ物が食べられる場所である**1の「レストラン」**を入れれば自然な会話になる。de-licious「おいしい」は、liの部分を最も強く読むことに注意。

(6)　正解　2

訳　クロダさんは医師です。たくさんの人々が彼の病院に行きます。

選択肢の訳　1　パイロット　2　医師　3　ダンサー　4　教師

解説　職業を選ぶ問題。（　）のある英文は、「クロダさんは（　）です」という意味。第2文で「たくさんの人々が彼の病院に行きます」と述べているので、病院で働く職業である**2の「医師」**を入れれば自然な文になる。職業を表す英語として、computer programmer「プログラマー」、astronaut「宇宙飛行士」、musician「音楽家」、nursery school teacher「保育士」、office worker「会社員」、scientist「科学者」、nurse「看護師」、vet「獣医」、engineer「技師」、writer「作家」、carpenter「大工」、farmer「農場経営者、農場主」、actor「俳優」、singer「歌手」、cook「コック」、lawyer「弁護士」も覚えておこう。

(7)　正解　3

訳　A：ああ、それは美しい花だね。それはプレゼントなの、ジェイン？
B：うん、これは母のため（のプレゼント）なんだ。

選択肢の訳　1　髪　2　テスト　3　花　4　窓

解説　that'sはthat isの短縮形。（　）のある英文は、「ああ、それは美しい（　）だね」という意味。B（＝ジェイン）は「これは母のため（のプレゼント）なんだ」と答えているので、美しいもので、しかも母親へのプレゼントにふさわしいものである、**3の「花」**を入れれば、「ああ、それは美しい花だね」となって自然な会話になる。

(8)　正解　**1**

訳　私は毎週日曜日に学校でサッカーをします。

選択肢の訳　**1**　〜で　**2**　〜の　**3**　外へ［に］　**4**　下へ［に］

解説　熟語の問題。at schoolで「学校で」という意味を表す。文のおわりの〈on＋曜日名〉「〜曜日に」の表現も確認しておこう。on Sundaysのような〈on＋曜日名の複数形〉は「（毎週）〜曜日に」の意味で，〈on＋曜日名の単数形〉より，習慣の意味が強い表現。

(9)　正解　**1**

訳　ナンシーはカリフォルニアに住んでいます。

選択肢の訳　**1**　住んでいる（3人称単数現在形）　**2**　見る（3人称単数現在形）　**3**　買う（3人称単数現在形）　**4**　ほしい（3人称単数現在形）

解説　（　）のある英文は，「ナンシーはカリフォルニアに（　）」という意味。（　）の直後が「カリフォルニアに」という場所を表す表現なので，**1**の「住んでいる」を入れれば，「カリフォルニアに住んでいます」となって自然な文になる。「〜に住んでいる」というときは，〈live in＋地名〉の形にする。〈live＋地名〉としないように注意。

(10)　正解　**3**

訳　A：今日の午後3時に私の家に来てくれますか。　B：すみません，行けません。

選択肢の訳　**1**　〜の　**2**　〜のために　**3**　〜へ［に］　**4**　外へ［に］

解説　熟語の問題。come to 〜で「〜に来る」という意味を表す。〈Can you＋動詞のもとの形〜?〉は，①「あなたは〜できますか」のほかに，②「〜してくれませんか」と相手に依頼するときにも使うことを確認しておこう。Can you 〜?と依頼されたら，Sure. / Certainly.「もちろん」，OK. / All right.「いいですよ」，I'm sorry, but I can't.「すみませんが，できません」などと答えるのが基本。

(11) 正解 1

訳 A：ジョン，あなたはふだん何時に入浴しますか。 B：9時ごろです。

選択肢の訳 1 時間，時（刻） 2 週 3 手 4 顔

解説 （ ）のある英文は，「ジョン，あなたはふだん何（ ）に入浴しますか」という意味。B（＝ジョン）は「9時ごろです」と答えているので，1の「時」を入れれば，「何時に〜か」と入浴する時刻をたずねる疑問文となって自然な会話になる。〈What time do[does]＋主語＋動詞のもとの形〜?〉で「…は何時に〜しますか」。take a bathで「入浴する」。around 〜で「約［およそ］〜，〜ぐらい［ごろ］」。〈数字＋o'clock〉の形で「〜時」と，「1時」，「6時」などのちょうどの時刻を表す表現。o'clockは省略してもよい。

(12) 正解 4

訳 A：あなたは英語が好きですか。 B：はい，もちろんです。

選択肢の訳 1 〜の中で 2 外へ［に］ 3 〜（の上）に 4 〜の

解説 熟語の問題。of courseで「もちろん，当然」という意味を表す。

(13) 正解 4

訳 ブラウンさんには2人の子供がいます。彼らの名前はニックとシンディーです。

選択肢の訳 1 彼［彼女］らは［が］，それらは［が］ 2 彼［彼女］らのもの，それらのもの 3 彼［彼女］らを［に］，それらを［に］ 4 彼［彼女］らの，それらの

解説 代名詞を選ぶ問題。（ ）のある英文は，「（ ）名前はニックとシンディーです」という意味。（ ）の直後がnames「名前」という名詞なので，4の「彼らの」（所有格）を入れれば，「彼らの名前は〜」となって自然な文になる。名詞の前の代名詞は所有格にするのが基本であることを確認しておこう。Theirは，第1文のtwo children「2人の子供」を指す代名詞。they-their-them-theirsと活用する。childrenは，

child「子供」の複数形。単数形と複数形の発音の違いにも注意。

(14) 正解 **1**

訳 A：あなたはフランス語を話しますか。 B：いいえ，話しません。しかし私はスペイン語を話します。

選択肢の訳 **1** do not の短縮形 **2** does not の短縮形 **3** is not の短縮形 **4** are not の短縮形

解説 〈Do＋主語＋動詞のもとの形～?〉で，「…は～しますか」という一般動詞の疑問文。Do ～?と聞かれたら，Yes, ... do. または No, ... do not[don't]. で答えるのが基本。**1**は，No, I don't speak French.「いいえ，私はフランス語を話しません」ということで，質問に対する答えとしても適切なので，これが正解。言語を表す語として，English「英語」，Japanese「日本語」，German「ドイツ語」，Chinese「中国語」，Korean「韓国［朝鮮］語」，Portuguese「ポルトガル語」も覚えておこう。

(15) 正解 **2**

訳 A：この数学の問題は難しいです。 B：ヤマダ先生に聞いてみましょう。彼は私たちを助けることができます。

選択肢の訳 **1** 私たちは［が］ **2** 私たちを［に］ **3** 私たちの **4** 私たちのもの

解説 代名詞を選ぶ問題。（ ）のある英文は，「彼は（ ）助けることができます」という意味。（ ）の直前がhelp「助ける」という一般動詞なので，**2**の「私たちを」（目的格）を入れれば，「～私たちを助けることができます」となって自然な文になる。一般動詞のあとの代名詞は目的格にするのが基本であることを確認しておこう。Bの第2文のheはMr. Yamadaを指し，usはBとBが話している相手（＝A）を指す代名詞。we-our-us-oursと活用する。〈Let's＋動詞のもとの形～〉で「～しよう」。

(16) 正解 (せいかい) **2**

訳 女の子 (おんな こ)：じゃあね，マイク。　男の子 (おとこ こ)：じゃあね。

選択肢の訳 (せんたくし やく) **1** ぼくは元気だよ。(げんき)　**2** じゃあね。　**3** おはよう。
4 ぼくもだよ。

解説 (かいせつ) byeは「じゃあね，バイバイ」の意味 (いみ) の話し言葉 (はな ことば) で，bye-byeと
同じ意味 (おな いみ)。女の子 (おんな こ) は男の子 (おとこ こ)（＝マイク）に，別れのあいさつを述べてい (の)
るから，男の子 (おとこ こ) の応答 (おうとう) としては，**2の「じゃあね」**という別れ際の決ま (わか ぎわ)
り文句 (もんく) を選べば (えら) 自然な会話 (しぜん かいわ) になる。別れ際のあいさつとして，See you
later. / See you soon. / See you again.「またね，さようなら」も覚 (おぼ)
えておこう。**1**は，How are you?「お元気ですか」(げんき) と言われたときな
どに答える (こた) ときの決まり文句 (き もんく)。**3**は朝 (あさ) ［午前中 (ごぜんちゅう)］に使う (つか) あいさつの言葉 (ことば)。
4のMe, too.は，前の人 (まえ ひと) の発言 (はつげん) に同意する (どうい) ときに使う表現 (つか ひょうげん) だが，前の人 (まえ ひと)
の発言 (はつげん) が肯定文 (こうていぶん)（「〜です」「〜します」の文）のときにだけ使い (つか)，前の
人 (ひと) の発言 (はつげん) が否定文 (ひていぶん)（「〜ではありません」「〜しません」の文）のときは
使えない (つか) ことに注意 (ちゅうい)。

(17) 正解 (せいかい) **2**

訳 女の子 (おんな こ) 1：これは私 (わたし) の新しい (あたら) ドレスだよ。　女の子 (おんな こ) 2：それはき
れいだね。

選択肢の訳 (せんたくし やく) **1** 私も (わたし) できるよ。　**2** それはきれいだね。　**3** パーティー
でだよ。　**4** 誕生日 (たんじょうび) のためだよ。
解説 (かいせつ) 女の子 (おんな こ) 1が，自分 (じぶん) の新しい (あたら) ドレスを女の子 (おんな こ) 2に見せている (み) 場面 (ばめん)。
女の子 (おんな こ) 2の応答 (おうとう) として**2**を入れれば，「それ［＝新しい (あたら) ドレス］はきれ
いだね」と，ドレスの感想 (かんそう) を述べる (の) 表現 (ひょうげん) となって自然な会話 (しぜん かいわ) になる。衣
服 (ふく) に関する英語 (かん えいご) として，shirt「シャツ」，sweater「セーター」，pants
「ズボン」，shorts「半ズボン」(はん)，skirt「スカート」，coat「コート」，
jacket「上着 (うわぎ)，ジャケット」，uniform「制服 (せいふく)」も覚えて (おぼ) おこう。

(18) 正解 3

訳 女の子：トム，今日は放課後あなたと勉強できないの。
男の子：大丈夫だよ。

選択肢の訳 1 行こう。 2 7月14日だよ。 3 大丈夫だよ［かまわないよ］。 4 どういたしまして。

解説 女の子は男の子（＝トム）に「今日は放課後あなたと勉強できないの」と述べているので，男の子の応答としては，女の子の発言内容を承知したことを伝える表現である，3の「**大丈夫だよ［かまわないよ］**」を選べば，自然な会話になる。2のように，「X月Y日です」は，〈It is[It's]＋月名＋序数（順序を表す語）.〉で表す。4のYou're welcome.「どういたしまして」は，お礼を言われた時の受け答えの決まり文句。ほかに，My pleasure.「どういたしまして」，No problem.「何でもありませんよ［どういたしまして］」なども覚えておこう。

(19) 正解 4

訳 母親：このスカートはどう，アン？ 女の子：とても気に入ったよ。それは私のお気に入りの色なんだ。

選択肢の訳 1 私は行けるよ。 2 私は13歳だよ。 3 ごめんなさい。 4 とても気に入ったよ。

解説 How about 〜?は，「〜はどうですか」と相手の意見を求めたり，「〜（して）はどうですか」と相手を誘ったりする表現。What about 〜?とも言う。母親は「このスカートはどう？」と「スカートに対する意見・感想」を女の子（＝アン）にたずねている。女の子は（　）の直後で「私のお気に入りの色なんだ」と述べているので，女の子の答えとしては4「**とても気に入ったよ**」を選べば自然な会話になる。love には「愛している」のほか，「〜が大好きだ［とても気に入っている］」の意味もあることに注意。3は謝るときの決まり文句。I'm sorry.と言われたら，That's OK.「いいんですよ」などと応じる。

(20) **正解　1**

訳　男の子1：君の英語の先生はとても若いね。彼女は何歳なの, カール？　男の子2：彼女は25歳だよ。

選択肢の訳　**1**　彼女は25歳だよ。　**2**　彼女はダンサーだよ。　**3**　彼女はあまり背が高くないよ。　**4**　彼女は今, 家にいないよ。

解説　〈How old＋be動詞＋主語?〉で「～は何歳ですか」。男の子1は「彼女は何歳なの？」と男の子2（＝カール）の英語の先生の「年齢」をたずねているので, 男の子2の答えとしては「年齢」を具体的に答えている1が適切。「～歳」は〈～ year(s) old〉で表すが, 1のようにyear(s) oldを省略してもよい。〈～ year(s) old〉は, 人間以外の動物や, 学校などの創立年などにも使うことも覚えておこう。

3　**筆記**（問題編pp.79～80）

---

(21) **正解　4**

正しい語順　sleep for eight hours　①③④②

解説　一般動詞の英文は,〈主語（～は）＋動詞（～する）＋目的語（～を［に］）＋場所や時や様子を表す語句.〉の語順が基本。まず主語のIのあとに, 動詞sleep「眠る, 寝る」を置く。 go to bed「（眠っているかどうかに関係なく）床につく」とsleep「眠る（＝眠っている状態）」をしっかり区別すること。本問では「目的語（～を［に］）」はないので, 次に「時や様子を表す語句」である「8時間」を続ける。「～間」はfor ～で表す。

---

(22) **正解　4**

正しい語順　Where does Cathy play　②①③④

解説　「…はどこに［で］～しますか」と,「場所」をたずねるときは,〈Where do［does］＋主語＋動詞のもとの形～?〉の語順にする。したがって,

まず文の初めにWhereを置く。主語のCathyは3人称単数なので，次にdoesを置き，そのあとに主語のCathyを続ける。さらにそのあとに，動詞のもとの形のplayを置き，印刷されているtennisにつなげる。

(23) 正解 **3**

正しい語順 Is your mother's name ③④②①

解説 「…は～ですか」は，〈be動詞＋主語～?〉の語順にする。したがって，まず文の初めにbe動詞のIsを置く。次に主語の「あなたのお母さんの名前」your mother's nameを続け，印刷されているHirokoにつなげる。「あなたのお母さんの」のような，代名詞以外の名詞について，「～の」というときは，名詞の最後に〈's〉（アポストロフィ・エス）をつけて〈名詞's〉の形にすることを確認しておこう。

(24) 正解 **3**

正しい語順 how do you study ②①③④

解説 「…はどのように～しますか」と，「方法・手段」をたずねるときは，〈How do[does]＋主語＋動詞のもとの形～?〉の語順にする。したがって，「呼びかけの語」であるJamesのあとにhowを置く。主語のyouは3人称単数ではないので，次にdoを置き，そのあとに主語のyouを続ける。さらにそのあとに，動詞のもとの形のstudyを置き，印刷されているEnglishにつなげる。

(25) 正解 **2**

正しい語順 are you in the cooking club ④②①③

解説 「～クラブに入っている」は，〈主語＋be動詞＋in the＋クラブ名〉で表す。be動詞の疑問文は，be動詞を主語の前に出し，〈be動詞＋主語（～は）＋その他の語句?〉の語順。したがって，まず，「呼びかけの語」であるJunkoのあとにbe動詞（are）を置き，次に主語のyouを置き，最後に〈in the＋クラブ名〉の形を続ける。

第1部 リスニング （問題編pp.81～82）

〔例題〕 Is this your bag?

1 Sure, I can. **2** On the chair. **3** Yes, it is. 〔正解〕**3**

訳 これはあなたのかばんですか。

選択肢の訳 **1** もちろん，できます。 **2** いすの上に。 **3** はい，そうです。

No.1 正解 **1**

放送文 Where are my glasses?

1 On the table.

2 They're brown.

3 Good idea.

訳 私のメガネはどこにあるかな？

選択肢の訳 **1** テーブルの上だよ。 **2** 茶色だよ。 **3** いい考えだね。

解説 〈Where ＋ be動詞＋主語?〉は「〜はどこにいますか［ありますか］」。男性は「私のメガネはどこにあるかな？」とたずねているので，女の子の返答としては，メガネのある場所を具体的に答えている**1**が適切。本問のように，be動詞には，「〜です」の意味のほか，「〜にいます［あります］」という意味もあることを確認しておこう。glasses「メガネ」のほか，boots「ブーツ，長靴」，shoes「靴」，gloves「手袋」，scissors「ハサミ」，socks「靴下」のように，「2つの部分からなるもの」は複数形で表すのが基本であることも覚えておこう。**2**のthey'reはthey areの短縮形。

No.2 正解 **2**

放送文 How many comic books do you have at home?

1 They're great.

2 I have 13.

3 Yes, I do.

訳 あなたは家 いえ に何冊 なんさつ のマンガの本 ほん を持 も っているの？

選択肢の訳 **1** それらはすごいよ。 **2** 13冊 さつ 持 も っているよ。 **3** うん, そうだよ。

解説 〈How many ＋複数名詞 ふくすうめいし ＋ do[does] ＋主語 しゅご ＋動詞のもとの形 どうし かたち 〜?〉 は「…はいくつの―を〜しますか」と「数 かず 」をたずねる表現 ひょうげん 。女 おんな の子 こ は 「あなたは家 いえ に何冊 なんさつ のマンガの本 ほん を持 も っているの？」とたずねているので, 男 おとこ の子 こ の返答 へんとう としては，家 いえ に持 も っているマンガ本 ほん の数 かず を具体的 ぐたいてき に答 こた えて いる**2**が適切 てきせつ 。**2**はI have 13 comic books at home.の省略 しょうりゃく 。

No.3 正解 **2**

放送文 See you after school.

　　1 Right now.

　　2 OK, Dad.

　　3 In my classroom.

訳 放課後 ほうかご またね。

選択肢の訳 **1** 今 いま すぐだよ。 **2** うん，お父 とう さん。 **3** 教室 きょうしつ でだよ。

解説 See you.は「またね」「さようなら」の意味 いみ の別 わか れのあいさつ。 本問 ほんもん では，see youのあとにafter school「放課後 ほうかご 」があることと，イ ラストの様子 ようす から，学校 がっこう に向 む けて家 いえ を出発 しゅっぱつ する女 おんな の子 こ を，男性 だんせい （父親 ちちおや ） が送 おく り出 だ しているところだとわかるので，女 おんな の子 こ の返答 へんとう としては，**2**が 適切 てきせつ 。Dadは「お父 とう さん」の意味 いみ 。Mom「お母 かあ さん」と同様 どうよう ，家庭内 かていない で使 つか うときは，固有名詞的 こゆうめいしてき にDadと大文字 おおもじ で始 はじ めることが多 おお い。**1**の right nowは「今 いま すぐに」の意味 いみ の熟語 じゅくご 。

No.4 正解 **3**

放送文 Do you often go to the library?

　　1 No, it's my book.

　　2 It's under the TV.

　　3 Yes, every Sunday.

訳 君 きみ はよく図書館 としょかん に行 い くの？

1 ううん，それは私の本だよ。　**2** テレビの下にあるよ。
3 うん，毎週日曜日（に行くよ）。

解説 〈Do you＋動詞のもとの形〜?〉は「あなたは〜しますか」とい
う一般動詞の疑問文。Do you 〜?と聞かれたら，Yes(, I do).または
No(, I do not[don't]).で答えるのが基本。選択肢の中で，Yes / Noを
使っているのは**1**と**3**だが，**3**を選べば「うん，毎週日曜日（に図書館
に行くよ）」となって自然な会話になる。**3**は，Yes, I go to the library
every Sunday.の省略。

No.5　正解　**2**

放送文　When do you do your homework?

    1　I'm home.

    2　After dinner.

    3　Nice to meet you.

訳　君はいつ宿題をするの？

選択肢の訳　**1**　ただいま。　**2**　夕食後だよ。　**3**　初めまして。

解説　〈When do[does]＋主語＋動詞のもとの形〜?〉は「…はいつ〜
しますか」と「時」をたずねる表現。男の子は「君はいつ宿題をするの？」
とたずねているので，女の子の返答としては，宿題をする時を具体的に
答えている**2**が適切。〈do＋所有格＋homework〉で「宿題をする」。
after 〜で「〜のあと」。反対の意味の語として，before 〜「〜の前に」
も覚えておこう。**2**はI do my homework after dinner.の省略。
When do you do 〜?の，最初のdoは，疑問文を作るときに使うdo。
2番めのdoは，「〜する」という一般動詞であることに注意。**1**のI'm
home.「ただいま」と，I'm at home.「私は家にいるよ」をしっかり
区別すること。**3**は，初対面のあいさつ。Nice to meet you.と言われ
たら，Nice to meet you, too.と返すのが基本。

No.6　正解　**2**

放送文　Whose phone is that?

    1　I'm here.

2 It's mine.

3 That's the sofa.

訳　あれはだれの電話（でんわ）なの？

選択肢の訳　**1**　私（わたし）はここにいるよ。　**2**　それはぼくのだよ。　**3**　それはソファーだよ。

解説　〈Whose＋名詞（めいし）＋be動詞（どうし）＋主語（しゅご）?〉は「～はだれの…ですか」。女（おんな）の子（こ）は「あれはだれの電話（でんわ）なの？」とたずねているので，電話（でんわ）の持（も）ち主（ぬし）を具体的（ぐたいてき）に答（こた）えている**2**が適切（てきせつ）。whoseには「だれの」の意味（いみ）のほかに，「だれのもの」という意味（いみ）があり，〈Whose＋be動詞（どうし）＋主語（しゅご）?〉「～はだれのものですか」の形（かたち）でも使（つか）われる。放送文（ほうそうぶん）とWhose is that phone?「あの電話（でんわ）はだれのものですか」をしっかり区別（くべつ）すること。

No.7　正解　**3**

放送文　Do you walk to school every morning?

1　No, I'm a student.

2　No, it's at home.

3　No, I ride my bike.

訳　君（きみ）は毎朝（まいあさ）歩（ある）いて学校（がっこう）に行（い）くの？

選択肢の訳　**1**　ううん，私（わたし）は学生（がくせい）だよ。　**2**　ううん，それは家（いえ）にあるよ。**3**　ううん，私（わたし）は自転車（じてんしゃ）に乗（の）って行（い）くんだ。

解説　〈Do you＋動詞（どうし）のもとの形（かたち）～?〉なので，「あなたは～しますか」という一般動詞（いっぱんどうし）の疑問文（ぎもんぶん）。Do you ～?と聞（き）かれたら，Yes(, I do).または No(, I do not[don't]).で答（こた）えるのが基本（きほん）だが，選択肢（せんたくし）の文（ぶん）はすべて noを使（つか）っていて，doも使（つか）っていないので，内容（ないよう）から考（かんが）える。男（おとこ）の子（こ）は「君（きみ）は毎朝（まいあさ）歩（ある）いて学校（がっこう）に行（い）くの？」とたずねているので，女（おんな）の子（こ）の返答（へんとう）として**3**を選（えら）べば，「ううん，（歩（ある）いてではなく）私（わたし）は自転車（じてんしゃ）に乗（の）って行（い）くんだ」と具体的（ぐたいてき）な交通手段（こうつうしゅだん）を答（こた）える文（ぶん）となって自然（しぜん）な会話（かいわ）になる。

No.8　正解　**1**

放送文　When do you play the guitar?

1　On Saturday mornings.

2 On the radio.

3 For an hour.

訳 君はいつギターを弾くの？

選択肢の訳 **1** 土曜日の朝［午前中］だよ。 **2** ラジオでだよ。

3 1時間だよ。

解説 〈When do[does]＋主語＋動詞のもとの形〜?〉は「…はいつ〜しますか」と「時」をたずねる表現。男の子は「君はいつギターを弾くの？」とたずねているので，女の子の返答としては，ギターを弾く時を具体的に答えている**1**が適切。「朝［午前中］に」はin the morningだが，**1**の「土曜日の朝［午前中］に」のように，「特定の日の朝［午前中］に」というときは，前置詞はonを使うことに注意。in the afternoon「午後に」，in the evening「夕方［晩］に」についても，on Sunday afternoon「日曜日の午後に」のように，「特定の日の〜に」というときは，onを使う。**2**の表現とあわせて，on TV「テレビで」も覚えておこう。**3**のfor 〜は「〜の間［期間］」。hourは「母音で始まる語」なので，aではなくanを使うことにも注意。

No.9 正解 **2**

放送文 Are your brothers tall?

1 Yes, we can.

2 Yes, they are.

3 Yes, it is.

訳 あなたのお兄［弟］さんたちは背が高いの？

選択肢の訳 **1** うん，（ぼくたちは）できるよ。 **2** うん，（彼らは）そうだよ。 **3** うん，（それは）そうだよ。

解説 Are 〜?の形で聞かれたら，Yes, I am.[Yes, we[they] are.] / No, I'm not.[No, we[they] aren't.] と，be動詞のamかareで答えるのが基本。**2**は，Yes, they are tall. 「はい，彼らは背が高いです」ということで，質問に対する答えとしても適切なので，これが正解。主語theyは，放送文の主語your brothers「あなたのお兄［弟］さんたち」を指す代名詞。

No.10 正解 **3**

放送文 Does Aunt Cathy have a dog?
   1 No, she's your teacher.
   2 It's a big pet shop.
   3 No, she doesn't.

訳 キャシーおばさんはイヌを飼っているの？

選択肢の訳 **1** ううん，彼女はあなたの先生だよ。 **2** それは大きなペットショップだよ。 **3** ううん，飼っていないよ。

解説 〈Does＋主語＋動詞のもとの形〜？〉で「…は〜しますか」。Does 〜?の形で聞かれたら，Yes, ... does. または No, ... does not[doesn't]. で答えるのが基本。3は，No, she doesn't have a dog. 「いいえ，彼女はイヌを飼っていません」ということで，質問に対する答えとしても適切なので，これが正解。she は，Aunt Cathy を指す代名詞。

第**2**部 リスニング（問題編p.83）

No.11 正解 **1**

放送文 *A:* Are you drinking milk, Dad?
   B: No, I'm having some tea.
   Question: What is the girl's father drinking?

訳 A：牛乳を飲んでいるの，お父さん？ B：いいや，紅茶を飲んでいるところだよ。

質問の訳 女の子の父親は何を飲んでいますか。

選択肢の訳 **1** 紅茶［茶］。 **2** ジュース。 **3** 牛乳。 **4** コーヒー。

解説 リスニング第2部では，対話が流れる前に選択肢にざっと目を通して，「何が問われるのか」を予測し，どこに注意して聞くかを考えておこう。例えば，No.11の選択肢はすべて飲みものなので，what「何」

の質問を予測し，飲みものに関する表現に注意して聞く。質問文の〈What＋be動詞＋主語＋動詞の-ing形?〉は「…は何を〜していますか」。B（＝父親）は，「紅茶を飲んでいるところだよ」と述べているので，**1**が正解。この問題のように，Noで否定したあとに正しい答えが続くことが多いので，Noで答えたあとに述べられる内容には特に注意して聞く。

No.12 正解 **2**

放送文 *A:* Is this coat 40 dollars?

B: No, it's 35 dollars.

Question: How much is the coat?

訳　A：このコートは40ドルですか。　B：いいえ，35ドルです。

質問の訳　コートはいくらですか。

選択肢の訳　**1**　30ドル。　**2**　35ドル。　**3**　40ドル。　**4**　45ドル。

解説　選択肢はすべて，「〜ドル」という形なので，how much「いくら」の質問を予測し，値段に関する表現に注意して聞く。質問文の〈How much＋be動詞＋主語?〉は「〜はいくらですか」と値段をたずねる表現。B（＝男性店員）は，「35ドルです」と述べているので，**2**が正解。dollar「ドル」はアメリカなどの通貨単位。dollarの複数形はdollarsだが，日本の通貨単位のyen「円」の複数形はyenであることに注意。

No.13 正解 **2**

放送文 *A:* Nancy. Does your brother often go skating?

B: Yes, he does, Steve. He can skate really well.

Question: Who is a good skater?

訳　A：ナンシー。君のお兄［弟］さんはよくスケートに行くの？
B：うん，行くよ，スティーブ。彼は本当に上手にスケートができるんだ。

質問の訳　だれが上手にスケートをする人ですか。

選択肢の訳　**1**　ナンシー。　**2**　ナンシーの兄［弟］。　**3**　スティーブ。
4　スティーブの兄［弟］。

解説　選択肢はすべて，「人」なので，who「だれ」の質問を予測し，

人に関する表現に注意して聞く。質問文の〈Who＋be動詞＋主語?〉は,「～はだれですか」と「名前」や「間柄」をたずねる表現。AがB（＝ナンシー）に「君のお兄［弟］さんはよくスケートに行くの?」とたずね,ナンシーが「彼（＝ナンシーの兄［弟］）は本当に上手にスケートができるんだ」と述べているので,**2**が正解。〈go＋-ing形〉でよく使われる表現として,go shopping「買い物に行く」,go swimming「泳ぎに行く」,go cycling「サイクリングに行く」,go fishing「つりに行く」もおさえておこう。

No.14 正解 **3**

放送文 *A:* I can't find my red pen. It's not in my pencil case.

   B: It's under your chair.

   Question: Where is the girl's red pen?

訳   A：私の赤いペンが見つからないの。筆箱に無いんだ。   B：君のいすの下にあるよ。

質問の訳   女の子の赤いペンはどこにありますか。

選択肢の訳   **1** 彼女の筆箱の中。   **2** 彼女のバッグの中。   **3** 彼女のいすの下。   **4** 彼女の教科書の下。

解説   選択肢はすべて「場所」なので,where「どこ」の質問を予測し,「場所」に注意して聞く。質問文の〈Where＋be動詞＋主語?〉は「～はどこにいますか［ありますか］」と場所をたずねる表現。Bは「それ（＝Aの赤いペン）は君のいすの下にあるよ」と述べているので,**3**が正解。

No.15 正解 **4**

放送文 *A:* Do you like singing, Sally?

   B: No, but I often play the piano.

   Question: What does Sally often do?

訳   A：君は歌うことが好きなの,サリー?   B：ううん,でも私はよくピアノを弾くよ。

質問の訳   サリーはよく何をしますか。

選択肢の訳   **1** 彼女は音楽を聞きます。   **2** 彼女は絵を描きます。

3 彼女は男の子と歌います。　　**4** 彼女はピアノを弾きます。

解説　選択肢はすべて〈She＋一般動詞～〉「彼女は～します」という形なので，what「何」の質問を予測し，「女の子の動作」に注意して聞く。質問文の〈What do[does]＋主語＋動詞のもとの形～?〉は「…は何を～しますか」と動作をたずねる表現。Bは「～でも私はよくピアノを弾くよ」と述べているので，**4**が正解。この問題も，Noで否定したあとに正しい答えが続くパターン。

CD 赤-74 ～ CD 赤-84

第3部　リスニング （問題編pp.84～85）

No.16　正解　1

放送文　**1** Junko is sitting in a plane.

2 Junko is sitting in a car.

3 Junko is sitting in a bus.

訳　**1** ジュンコは飛行機の中で座っています。　**2** ジュンコは車の中で座っています。　**3** ジュンコはバスの中で座っています。

解説　第3部の問題で放送される3つの英文は共通部分が多く，一部の語句だけが異なっている。異なっている部分が解答のポイントとなるから，そこに注意して聞く。本問の英文はどれも〈Junko is sitting in＋乗り物.〉という形の文だから，「ジュンコは～の中で座っています」の意味。異なるのは「乗り物」。イラストでは，飛行機の中で座っている女性が描かれているから，**1**が正解。「乗り物」を表す語として，train「電車」，bike「自転車」，unicycle「一輪車」，taxi「タクシー」，ship「船」，boat「ボート」も覚えておこう。

No.17　正解　3

放送文　**1** The bridge is ninety-two meters long.

2 The bridge is nine hundred meters long.

3 The bridge is nine hundred and twenty meters long.

訳 **1** その橋は長さ92メートルです。 **2** その橋は長さ900メートルです。 **3** その橋は長さ920メートルです。

解説 イラストから，長さに注意して聞く。本問の英文はどれも〈The bridge is ～ meters long.〉の形だから，「その橋は長さ～メートルです」の意味。異なるのは「橋の長さ」。イラストでは，920メートルと書かれた橋が描かれているから，**3**が正解。hundred「100」は，nine hundredとなっても複数形のhundredsとしないことに注意。「数」を表す語として，thousand「1000（の）」，million「100万（の）」も覚えておこう。

No.18 正解 **1**

放送文 **1** Peter's family is eating breakfast.
　　　　 2 Peter's family is eating lunch.
　　　　 3 Peter's family is eating dinner.

訳 **1** ピーターの家族は朝食を食べています。 **2** ピーターの家族は昼食を食べています。 **3** ピーターの家族は夕食を食べています。

解説 本問の英文はどれも〈Peter's family is eating ～.〉の形だから，「ピーターの家族は～を食べています」という現在進行形の文。異なるのは「朝食か昼食か夕食か」。イラストでは，午前7時15分の時計と朝日が描かれているから，**1**が正解。

No.19 正解 **2**

放送文 **1** A bird is on Taro's hand.
　　　　 2 A bird is on Taro's foot.
　　　　 3 A bird is on Taro's head.

訳 **1** 鳥はタロウの手にとまっています。 **2** 鳥はタロウの足にとまっています。 **3** 鳥はタロウの頭にとまっています。

解説 本問の英文はどれも〈A bird is on Taro's＋体の部位.〉の形だから，「鳥はタロウの～の上にいます」の意味。異なるのは「鳥がいる位置」。イラストでは，男の子の足の上にいる鳥が描かれているから，**2**が正解。footは「足」（「くるぶし以下の部分」）の意味で，leg「脚，

足」（太ももからくるぶしまでの部分）と区別する。体の部位を表す英語として, face「顔」, eye「目」, nose「鼻」, mouth「口」, neck「首」, elbow「ひじ」, arm「腕」, back「背中」, knee「ひざ」, ankle「足首」も覚えておこう。

No.20 正解 2

放送文　**1** It's 6:05.

2 It's 6:15.

3 It's 6:50.

訳　**1** 6時5分です。　**2** 6時15分です。　**3** 6時50分です。

解説　イラストから, 時刻に注意して聞く。本問の英文はどれも〈It's ＋時刻.〉の形だから, 「～時…分です」の意味。異なるのは「時刻」。イラストでは, 6時15分を示す腕時計が描かれているから, **2**が正解。本問のfifteen「15」とfifty「50」のように, 似た発音の数字も多いので, 発音だけでなくアクセントにも注意して覚えよう。-teenがついている数字は-teenの部分を, -tyがついている数字は前の部分を強く読むのが基本。

No.21 正解 1

放送文　**1** Mike is buying a sandwich.

2 Mike is eating a sandwich.

3 Mike is making a sandwich.

訳　**1** マイクはサンドイッチを買っています。　**2** マイクはサンドイッチを食べています。　**3** マイクはサンドイッチを作っています。

解説　本問の英文はどれも〈Mike is ～ing a sandwich.〉の形だから,「マイクはサンドイッチを～ています」という現在進行形の文。異なるのは「マイクがしていること」。イラストでは, サンドイッチを買っている男の子が描かれているから, **1**が正解。食べ物を表す語として, spaghetti「スパゲッティ」, hamburger「ハンバーガー」, steak「ステーキ」, pizza「ピザ」, French fries「フライドポテト」, curry and rice「カレーライス」, pancake「パンケーキ」, ice cream「アイスクリーム」も

覚えておこう。

No.22 正解 3

放送文　1　The children are at a restaurant.

　　　　2　The children are at a library.

　　　　3　The children are at a zoo.

訳　1　子供たちはレストランにいます。　2　子供たちは図書館にいます。　3　子供たちは動物園にいます。

解説　本問の英文はどれも〈The children are at ＋場所.〉の形だから，「子供たちは〜にいます」の意味。異なるのは「子供たちがいる場所」。イラストでは，動物園にいる子供たちが描かれているから，3が正解。施設などを表す語として，museum「美術館，博物館」，stadium「競技場」，station「駅」，factory「工場」，aquarium「水族館」，amusement park「遊園地」も覚えておこう。

No.23 正解 1

放送文　1　Alice is a nurse.

　　　　2　Alice is a teacher.

　　　　3　Alice is a pilot.

訳　1　アリスは看護師です。　2　アリスは教師です。　3　アリスはパイロットです。

解説　本問の英文はどれも，Alice is a 〜.の形だから，「アリスは〜です」という文。異なるのは「アリスの職業」。イラストでは，聴診器をつけて病院にいる女性が描かれているから，1が正解。nurseのurの部分のつづりと発音に注意。

No.24 正解 3

放送文　1　Vicky is using a camera.

　　　　2　Vicky is using a dictionary.

　　　　3　Vicky is using a brush.

訳　1　ビッキーはカメラを使っています。　2　ビッキーは辞書を

使っています。　**3**　ビッキーはブラシを使っています。

解説　本問の英文はどれも〈Vicky is using a ～.〉の形だから，「ビッキーは～を使っています」という現在進行形の文。異なるのは「ビッキーが使っているもの」。イラストでは，髪をブラシでとかしている女性が描かれているから，**3**が正解。brushは，本問の「ヘアブラシ」の意味のほか，「歯ブラシ」「絵筆」などの意味でも使うので辞書で調べておこう。

No.25　正解　**1**

放送文　**1**　Mark goes to tennis practice by train.
　　　　　2　Mark goes to tennis practice by bike.
　　　　　3　Mark goes to tennis practice by car.

訳　**1**　マークは電車でテニスの練習に行きます。　**2**　マークは自転車でテニスの練習に行きます。　**3**　マークは車でテニスの練習に行きます。

解説　本問の英文はどれも〈Mark goes to tennis practice by ～.〉の形だから，「マークは～でテニスの練習に行きます」という文。異なるのは「交通手段」。イラストでは，駅で電車に乗ろうとしている男の子が描かれているから，**1**が正解。「(乗り物)で」と交通手段を言うときは〈by＋(a[an]などのつかない)乗り物名〉で表すことに注意。practiceには，「練習する」という動詞のほかに，本問のように「練習」という名詞の意味もあることを覚えておこう。

2022年度 第2回

<ruby>年度<rt>ねんど</rt></ruby> <ruby>第<rt>だい</rt></ruby> **2** <ruby>回<rt>かい</rt></ruby>

<ruby>筆記<rt>ひっき</rt></ruby> <ruby>解答<rt>かいとう</rt></ruby>・<ruby>解説<rt>かいせつ</rt></ruby> pp.76〜86
リスニング <ruby>解答<rt>かいとう</rt></ruby>・<ruby>解説<rt>かいせつ</rt></ruby> pp.86〜98

解 答 欄

問題番号		1	2	3	4
	(1)	①	②	③	④
	(2)	①	②	③	④
	(3)	①	②	③	④
	(4)	①	②	③	④
	(5)	①	②	③	④
	(6)	①	②	③	④
	(7)	①	②	③	④
1	(8)	①	②	③	④
	(9)	①	②	③	④
	(10)	①	②	③	④
	(11)	①	②	③	④
	(12)	①	②	③	④
	(13)	①	②	③	④
	(14)	①	②	③	④
	(15)	①	②	③	④

解 答 欄

問題番号		1	2	3	4
	(16)	①	②	③	④
	(17)	①	②	③	④
2	(18)	①	②	③	④
	(19)	①	②	③	④
	(20)	①	②	③	④
	(21)	①	②	③	④
	(22)	①	②	③	④
3	(23)	①	②	③	④
	(24)	①	②	③	④
	(25)	①	②	③	④

リスニング解答欄

問題番号		1	2	3	4
	例題	①	②	●	
	No. 1	①	②	③	
	No. 2	①	②	③	
	No. 3	①	②	③	
第	No. 4	①	②	③	
1	No. 5	①	②	③	
部	No. 6	①	②	③	
	No. 7	①	②	③	
	No. 8	①	②	③	
	No. 9	①	②	③	
	No. 10	①	②	③	
	No. 11	①	②	③	④
第	No. 12	①	②	③	④
2	No. 13	①	②	③	④
部	No. 14	①	②	③	④
	No. 15	①	②	③	④
	No. 16	①	②	③	
	No. 17	①	②	③	
	No. 18	①	②	③	
第	No. 19	①	②	③	
3	No. 20	①	②	③	
部	No. 21	①	②	③	
	No. 22	①	②	③	
	No. 23	①	②	③	
	No. 24	①	②	③	
	No. 25	①	②	③	

(1) **正解 3**

訳 私たちは今日の午後，英語と数学の2つの授業があります。

選択肢の訳 **1** 机（複数形） **2** 友達（複数形） **3** 授業，クラス（複数形） **4** オレンジ（複数形）

解説 （ ）のある英文は，「私たちは今日の午後，英語と数学の2つの（ ）を持っています」→「私たちは今日の午後，英語と数学の2つの（ ）があります」という意味。文のおわりに〈, English and math〉「英語と数学」という「授業で学ぶ教科名」があるので，**3**の「授業」を入れれば，「英語と数学の2つの授業があります」となって，自然な文になる。英語では，本問の〈, English and math〉のように，カンマ（,）で区切って，前にある名詞（本問ではclasses「授業」）を補足的に説明する用法があることに注意すること。教科を表す英語として，Japanese「国語，日本語」，science「理科」，social studies「社会」，music「音楽」，P.E.「体育」，home economics「家庭科」も覚えておこう。

(2) **正解 4**

訳 私の母は花屋さんでよくチューリップを買います。

選択肢の訳 **1** （楽器を）演奏する，（スポーツを）する（3人称単数現在形） **2** 教える（3人称単数現在形） **3** 閉める，閉まる（3人称単数現在形） **4** 買う（3人称単数現在形）

解説 動詞を選ぶ問題。（ ）のある英文は，「私の母は花屋さんでよくチューリップを（ ）」という意味。文のおわりに「花屋さんで」とあり，（ ）の直後がtulips「チューリップ」なので，**4**の「買う」を入れれば「花屋さんでよくチューリップを買う」となって，自然な文になる。often「よく，しばしば」は，①一般動詞の前，②be動詞・助動詞のあとに置くのが基本。**2**のteachのようにchで終わる動詞は，

-esをつけて3人称単数現在形にすることも確認しておこう。花の名前を表す英語として，rose「バラ」，lily「ユリ」，cherry blossom「サクラ」，sunflower「ヒマワリ」も覚えておこう。

(3)　正解　**3**

訳　A：カール，あなたはバスで学校に通っているのですか，それとも電車ですか。　B：バスです，アンダーソン先生。

選択肢の訳　**1**　しかし　**2**　それで，だから　**3**　それとも，あるいは　**4**　さらに，～もまた

解説　Aの文のはじめのCarl「カール」は呼びかけの表現。〈by＋(a[an]などのつかない) 乗り物名〉は「(乗り物) で」という意味で，交通手段を表す。したがって，(　) のある英文は，「カール，あなたはバスで学校に通っているのですか，(　) 電車ですか」という意味。(　) の前と後に，by bus「バスで」とby train「電車で」という2つの交通手段が並んでいて，Bが「バスです」と答えているので，**3の「それとも」**を入れれば，「バスで学校に通っているのですか，それとも電車ですか」となって，自然な会話になる。本問のような〈～ A or B?〉の形の疑問文は，Aを上げ調子で読み，Bを下げ調子で読む。乗り物を表す英語として，car「自動車」，bike「自転車」，unicycle「一輪車」，taxi「タクシー」，ship「船」，boat「ボート」，airplane「飛行機」も覚えておこう。

(4)　正解　**2**

訳　A：君はどんな動物が好きなの，スーザン？　B：私はネコとイヌが好きだよ。

選択肢の訳　**1**　スポーツ（複数形）　**2**　動物（複数形）　**3**　映画（複数形）　**4**　飲みもの（複数形），飲む

解説　〈What＋名詞＋do[does]＋主語＋動詞のもとの形～?〉は，「…はどんな―を～しますか」。「動詞のもとの形」とは，「sやingなどの付かない形」のこと。(　) のある英文は，「君はどんな (　) が好きなの，スーザン？」という意味。B（＝スーザン）は，「私はネコとイ

ヌが好きだよ」と「好きな動物」を答えているので，**2**のanimals「動物」を入れれば自然な会話になる。Bの文のcatsやdogsのように，「～が好きだ」というときは，likeのあとの名詞は複数形にする。**4**のdrinksには「飲みもの」（名詞）と「飲む」（動詞）の2つの意味がある。動物を表す英語として，lion「ライオン」，bear「クマ」，cow「ウシ」，monkey「サル」，panda「パンダ」，pig「ブタ」，tiger「トラ」，koala「コアラ」も覚えておこう。

(5)　正解　1

> **訳**　ヒロシはたいていテレビでバスケットボールの試合を見ます。

> **選択肢の訳**　**1**　見る（3人称単数現在形）　**2**　話す（3人称単数現在形）　**3**　聞く（3人称単数現在形）　**4**　歌う（3人称単数現在形）

> **解説**　動詞を選ぶ問題。usuallyは「たいてい，ふつう」の意味なので，（　　）のある英文は，「ヒロシはたいていテレビでバスケットボールの試合を（　　）」という意味。文のおわりにon TV「テレビで」とあり，（　　）の直後がbasketball games「バスケットボールの試合」なので，**1**の「見る」を入れれば「テレビでバスケットボールの試合を見る」となって，自然な文になる。watchは，動いたり変化したりするものを見ること，lookは，見ようとして視線を向けて見ること，seeは，見ようとしなくても自然に視界に入り見えることを表すことも確認しておこう。

(6)　正解　4

> **訳**　A：トム，今日私の家で勉強しよう。　B：わかった，それじゃあとでね。

> **選択肢の訳**　**1**　冬　**2**　時間，時刻　**3**　足　**4**　家

> **解説**　〈Let's＋動詞のもとの形～〉は「～しましょう」と相手に提案する表現。したがって，（　　）のある英文は，「トム，今日私の（　　）で勉強しよう」という意味。at ～は「～で」と場所を表す表現なので，（　　）に勉強する場所である**4**のhouse「家」を入れれば，「今日私の家で勉強しよう」となって，自然な会話になる。houseは建物としての「家，家屋」で，homeは家庭生活を送る場所としての「家，家庭」だが，ア

78

メリカではhomeがhouseの意味で使われることもある。Let's 〜.には, OK.「わかりました」のほか, Yes, let's.「はい, そうしましょう」, No, let's not.「いいえ, やめましょう」などと答えることも覚えておこう。3のfoot「足」は「くるぶし以下の部分」で複数形はfeet。「太ももからくるぶしまでの部分」はleg「脚」。

(7)　正解　**1**

訳　A：あなたのお気に入りの野球選手はだれ？　B：スズキ・ケンだよ。彼はすごいんだ！

選択肢の訳　**1**　すごい, 偉大な　**2**　確かな　**3**　たくさんの　**4**　日の照っている

解説　形容詞を選ぶ問題。〈Who＋be動詞＋主語?〉は,「〜はだれですか」と「名前や間柄」をたずねる表現。He'sはHe isの短縮形なので, （　）のある英文は,「彼は（　）だ！」という意味。AはBにお気に入りの野球選手がだれかをたずねているので, （　）に, Bがスズキ・ケンが気に入っている理由である**1**のgreat「すごい」を入れれば自然な会話になる。

(8)　正解　**4**

訳　A：ケント, 私の新しいカメラを見て。　B：ああ, かわいいね。

選択肢の訳　**1**　食べる　**2**　料理する　**3**　ほしい　**4**　見る

解説　熟語の問題。look at 〜で「〜を見る」という意味。（　）のある英文のKentは呼びかけの語。したがって, （　）のある英文は,「主語がない英文」なので「〜しなさい」という命令文であることに注意。

(9)　正解　**1**

訳　A：ケリー, あなたは毎朝何時に目を覚ますの？　B：6時だよ。

選択肢の訳　**1**　目を覚ます　**2**　話す, 教える　**3**　言う　**4**　知っている

解説　熟語の問題。wake upで「目を覚ます」という意味を表す。get upは, 目を覚ますだけでなく, 横になっている状態から起き上がることを意味する。〈What time do[does]＋主語＋動詞のもとの形〜?〉

で「…は何時に〜しますか」という意味。「at＋数字」で「〜時に」。

(10) 正解 **1**

訳 私はたくさんのはがきを持っています。それらは祖父からのもの
です。

選択肢の訳 **1** 〜の **2** 〜のそばに，〜によって **3** 〜の下に
4 〜のあとに

解説 熟語の問題。a lot of 〜 で「たくさんの〜」という意味を表す。
a lot of 〜のあとには，「数えられる名詞」も「数えられない名詞」も
置くことができるが，「数えられる名詞」の場合には，本問のpostcards
のように複数形にすることに注意。

(11) 正解 **2**

訳 A：マイク，ぼくたちのサッカークラブにようこそ！ B：あり
がとう。

選択肢の訳 **1** 〜の前に **2** 〜へ **3** 〜の下に **4** 〜から離れて

解説 熟語の問題。welcome to 〜 で「〜にようこそ」という意味を
表す。Thanks.「ありがとう」は，Thank you.より，くだけた言い方。
welcomeを使った表現として，お礼を言われたときの決まり文句である，
You're welcome.「どういたしまして」も覚えておこう。

(12) 正解 **2**

訳 A：パパ，眠いよ。 B：寝る時間だよ，クリス。おやすみ。

選択肢の訳 **1** 行く **2** 持っている **3** 立つ，立っている **4** 作る

解説 熟語の問題。Have a good night's sleep.で「おやすみなさい」
という意味を表す。sleepには「眠る」という動詞の用法があるが，こ
の文のsleepは「眠り（＝眠っている状態）」（名詞）という意味。
have（動詞のもとの形）で始まっているので命令文で，直訳は「ぐっ
すりした一晩の眠りを持ちなさい」。go to bedは眠っているかどうか
に関係なく「床につく」という意味なので区別すること。Dadは「お
父さん」の意味。Mom「お母さん」と同様，家庭内で使うときは，固

有名詞的にDadと大文字で始めることが多い。

(13) 正解 4

訳 A：パパ，カレンはどこにいるの？ B：今，彼女はリビングルームにいるよ。

選択肢の訳 1 何, 何の 2 いつ 3 だれ, だれが 4 どこで[へ, に]

解説 B（＝父親）は「今, 彼女（＝カレン）はリビングルームにいるよ」と，「カレンのいる場所」を答えているので，Aは「どこ」とたずねたのだとわかる。「～はどこにいますか[ありますか]」と場所をたずねるときは，〈Where＋be動詞＋主語?〉で表すので，**4**が正解。家に関する語として，bedroom「寝室」，bathroom「ふろ場，トイレ」，entrance「玄関」，kitchen「台所」，garden／yard「庭」，stairs「階段」，ceiling「天井」，floor「床」，wall「壁」も覚えておこう。

(14) 正解 1

訳 スミス先生は私の美術の先生です。彼の授業はとても楽しいです。

選択肢の訳 1 彼の 2 あなた（たち）の 3 私たちは 4 彼女の, 彼女を[に]

解説 代名詞を選ぶ問題。（ ）のある英文は，「～授業はとても楽しいです」という意味。（ ）のあとはlessons「授業」という名詞なので，（ ）には「～の」の形（所有格）が入る。Mr. は「～さん，～様，～先生」などの意味で，男性の姓や姓名の前に置くので，スミス先生は男性であることがわかる。したがって，**1**のHis「彼の」を入れて，「彼（＝スミス先生）の授業はとても楽しいです」とするのが適切。he「彼は」-his「彼の」-him「彼を[に]」-his「彼のもの」と活用する。

(15) 正解 2

訳 A：ヒロコ，あなたは毎日テニスをするのですか。 B：はい，します。

解説 〈Do you＋動詞のもとの形～?〉は，「あなたは～しますか」という一般動詞の疑問文。Do you ～?と聞かれたら，Yes(, I do). また

は No(, I do not[don't]). で答えるのが基本なので，**2**が正解。Aの文のおわりにある every day は「毎日」の意味。day が単数形であることと，every の前に on などの前置詞をつけないことに注意する。

2	**筆記** (問題編pp.91〜92)

(16) 正解 **2**

訳 女の子：これはあなたの新しいコンピューターなの？ すてきだね。 男の子：うん，ぼくはそれをよく使うんだ。

選択肢の訳 **1** ぼくはおなかが空いているんだ。 **2** ぼくはそれをよく使うんだ。 **3** 君は図書館にいるんだね。 **4** 君は上手だね。

解説 Is this 〜?で「これは〜ですか」。女の子に「これはあなたの新しいコンピューターなの？」とたずねられた男の子は，（ ）の前で「うん（それはぼくのコンピューターだよ）」と答えているので，**2**を入れれば，「ぼくはそれ（＝新しいコンピューター）をよく使うんだ」となって，自然な会話になる。

(17) 正解 **2**

訳 女の子：こんにちは，私はジェインだよ。あなたは新入生なの？ 男の子：うん，そうだよ。

選択肢の訳 **1** さようなら。 **2** うん，そうだよ。 **3** ううん，それはここには無いよ。 **4** ぼくはテニスをするんだ。

解説 Are you 〜?「あなた（たち）は〜ですか」の形で聞かれたら，Yes, I am.[Yes, we are.] / No, I'm not.[No, we aren't.] と Yes / No で答えるのが基本。この形で答えている**2**が正解。**1**のGoodbye「さようなら」は別れるときの決まり文句。

(18) 正解 **3**

訳 男の子：英語の教科書が見つからないんだ，ママ。 母親：ポール，それはベッドの上にあるよ。

選択肢の訳 **1** 5歳の　**2** 朝食前に　**3** ベッドの上に　**4** とても速く

解説 〈cannot[can't]＋動詞のもとの形〉で「〜できない」の意味。男の子は「英語の教科書が見つからないんだ」と母親に言っているので，**3**を入れれば「ポール，それ（＝英語の教科書）はベッドの上にあるよ」と，母親が英語の教科書のある場所を教えてあげている返答になり，自然な会話となる。onは「（接触して）〜の上に」。**1**の〈数字＋year(s) old〉は「〜歳」という意味だが，人間以外の動物や，学校などの創立年などにも使うことも確認しておこう。**2**のbeforeは「〜の前に」で，反対の意味の語はafter「〜のあとに」。

(19) 正解　**4**

訳 男性：昼食後は何をするの？　女性：私は紅茶を飲むよ。

選択肢の訳 **1** 私はそれが好きだよ。　**2** 私もだよ。　**3** 私は幸せだよ。　**4** 私は紅茶を飲むよ。

解説 〈What do[does]＋主語＋動詞のもとの形〜?〉で「…は何を〜しますか」の意味。Aの発言の1つ目のdoは「疑問文を作るときに使うdo」で，2つめのdoは「〜する」という意味の一般動詞であることに注意。男性は女性に「昼食後は何をするの？」とたずねているので，**4**を入れれば「私は紅茶を飲むよ」と，昼食後にすることを答えている文になり，自然な会話となる。飲みものを表す英語として，orange juice「オレンジジュース」，coffee「コーヒー」，green tea「緑茶」，milk「牛乳」，water「水」，cola「コーラ」も覚えておこう。**2**のMe, too.「私も」は，前の人の発言に同意するときに使う表現だが，前の人の発言が肯定文（「〜です」「〜します」の文）のときにだけ使い，前の人の発言が否定文（「〜ではありません」「〜しません」の文）のときは使えないことに注意。

(20) 正解　**2**

訳 男の子：これらの花はきれいだね。　女の子：私もそう思うわ。

選択肢の訳 **1** はじめまして。　**2** 私もそう思うわ。　**3** どうか助けてください。　**4** またあとで。

解説 theseはthisの複数形で「これらは，これらの」。〈these＋複数形名詞〉で「これらの〜」の意味。男の子は「これらの花はきれいだね」と花の感想を述べているので，女の子の返答としては，男の子の感想に同意していることを表す**2**を入れれば，自然な会話になる。I think so, too.のsoの内容は，「これらの花がきれいだ」ということ。**1**は初対面のあいさつの決まり文句。Nice to meet you.と言われたら，Nice to meet you, too.と返すのが基本。**4**のSee you (later).「また（あとで）」は別れるときのあいさつ。See you soon. / See you again.「またね，さようなら」も覚えておこう。

---

3 **筆記** （問題編pp.93〜94）

---

(21) 正解 **2**

正しい語順 My dictionary is in ④①③②

解説 be動詞には，「〜です」の意味のほか，「〜にいます［あります］」という意味もあり，「〜は…にいます［あります］」は〈主語＋be動詞＋場所を表す語句〉で表す。本問では主語の「私の辞書」は，Iの所有格my「私の」をdictionary「辞書」の前に置き，my dictionaryと表す。次に，「あります」の意味を表すbe動詞isを置く。「机の中に」は，「〜の中に」の意味の前置詞inのあとにthe desk「机」を置いて表し，isのあとに続ける。

(22) 正解 **2**

正しい語順 How long is the ②③①④

解説 「〜はどのくらいの長さですか」は〈How long＋be動詞＋主語?〉で表す。したがって，まずHow longで文をはじめ，be動詞isを続け，最後に主語であるthe English lesson「その英語のレッスン」を置く。〈How＋形容詞［副詞］〜?〉の形の疑問文として，「年齢や，学校などが作られてからの年数」をたずねるHow old 〜?，「値段や量」をた

84

ずねる How much 〜?,「身長や建物などの高さ」をたずねる How tall 〜? も合わせて確認しておこう。

(23) 正解 **1**

正しい語順 Kate doesn't like rainy days　①④②③

解説 一般動詞の英文は,〈主語（〜は）＋動詞（〜する）＋目的語（〜を［に]）＋場所や時や様子を表す語句.〉の語順が基本。本問は主語(Kate)が3人称単数で,「好きではありません」という否定文なので,〈主語＋does not[doesn't]＋動詞のもとの形＋目的語〉の語順にする。したがって,まず主語の Kate「ケイト」を置き,次に語群の doesn't を置き,動詞のもとの形である like「〜が好きだ」を続け,最後に目的語の rainy days「雨の日」を置く。天気に関する表現として,cloudy「くもりの」,sunny「日の照った」,snowy「雪の」,windy「風が強い」,hot「暑い」,cold「寒い」,cool「涼しい」,warm「暖かい」も覚えておこう。

(24) 正解 **4**

正しい語順 your sister practice baseball after　③④①②

解説 本問の主語（あなたの妹）は3人称単数で,「練習をしますか」という一般動詞の疑問文なので,〈Does＋主語＋動詞のもとの形＋目的語＋場所や時や様子を表す語句?〉の語順にする。したがって,まず文のはじめに Does を置く。次に,主語の your sister「あなたの妹」を Does のあとに置く。主語に続けて動詞のもとの形である practice「〜を練習する」を置き,そのあとに practice の目的語の baseball「野球」を続ける。最後に「時を表す語句」として,after school「放課後」を置く。

(25) 正解 **4**

正しい語順 volleyball player is from　②③①④

解説 「…は〜出身です」は,〈主語＋be動詞＋from＋出身地.〉の語順にする。主語の「あのバレーボール選手」は,that「あの」を使って,

that volleyball playerで表す。続けて，be動詞のisを置き，最後に
「イタリア出身」をfrom Italyで表す。国名の英語として，Australia
「オーストラリア」，Canada「カナダ」，China「中国」，France「フ
ランス」，Korea「韓国」，the U.K.「イギリス」，the U.S.A.「アメリ
カ合衆国」も覚えておこう。

〔例題〕　Is this your bag?

　　　　1　Sure, I can.　**2**　On the chair.　**3**　Yes, it is.　〔正解〕**3**

　訳　これはあなたのかばんですか。

選択肢の訳　**1**　もちろん，できます。　**2**　いすの上に。　**3**　はい，
そうです。

No.1　正解　**3**

放送文　Are these pencils yours?

　　1　No, I go by bus.

　　2　See you again.

　　3　No, they're Kenji's.

　訳　これらの鉛筆はあなたのものですか。

選択肢の訳　**1**　いいえ，ぼくはバスで行きます。　**2**　またね。

3　いいえ，それらはケンジのものです。

解説　本問の主語はthese「これらは」ではなく，these pencils「これ
らの鉛筆」であることに注意。Are these … ～?「これらの…は～ですか」
に対しては，areを使って，Yes, they are. / No, they are not.
[aren't].などと答えるのが基本。areを使って答えている**3**が正解。they're
はthey areの短縮形で，**3**は，No, they are not. They're Kenji's.の省
略。Kenji's「ケンジのもの」のように，代名詞以外の名詞について，「～
のもの」というときは，名詞に〈's〉（アポストロフィs）をつけて〈名詞's〉
の形にすることも覚えておこう。

No.2 **正解 1**

放送文 Where does your grandfather live?

  1 In New York.

  2 No, he doesn't.

  3 This afternoon.

訳 あなたのおじいさんはどこに住んでいるの？

選択肢の訳 **1** ニューヨークだよ。 **2** いいえ，（彼は）ちがうよ。
3 今日の午後だよ。

解説 〈Where do[does]＋主語＋動詞のもとの形～?〉で「…はどこに［で］～しますか」の意味。女の子は，「男の子の祖父が住んでいる場所」を男の子にたずねているので，男の子の返答としては，「場所」を具体的に答えている**1**が適切。外国の都市名として，Sydney「シドニー」，London「ロンドン」，Paris「パリ」，Rome「ローマ」も覚えておこう。

No.3 **正解 2**

放送文 Look, this is my new bike.

  1 I'm fine.

  2 It's very nice.

  3 You look great.

訳 見て，これはぼくの新しい自転車だよ。

選択肢の訳 **1** 私は元気だよ。 **2** （それは）とてもすてきだね。
3 あなたはすばらしく見えるよ。

解説 放送文はLookと，動詞のもとの形で始まっているので，「見て」という命令文。男の子が女の子に自分の新しい自転車を見せている場面だから，女の子の返答としては，男の子の自転車を見た感想を「（それは）とてもすてきだね」と述べている**2**が適切。**1**は，How are you?「元気ですか」「調子はどう？」と言われたときに，I'm fine, thank you.「元気です，ありがとう」などと返すときに使う決まり文句。**3**のlookは「～を見る」ではなく，「～に見える」の意味で〈look＋形容詞〉の形で使う。

No.4 正解 2

放送文 What are you looking at?

1 I'm happy.

2 Pictures of cats.

3 Yes, thanks.

訳 何を見ているの？

選択肢の訳 **1** 私は幸せよ。 **2** ネコの写真 [絵] よ。

3 うん，ありがとう。

解説 〈What＋be動詞＋主語＋動詞の -ing形?〉で「〜は何を…していますか」。look at 〜で「〜を見る」。男性は女の子に，「何を見ているの？」とたずねているので，女の子の返答としては，見ているものを具体的に答えている**2**が適切。

No.5 正解 2

放送文 Dad, breakfast is ready.

1 It's her.

2 Thanks, I'm coming.

3 Yes, she is.

訳 パパ，朝食の準備ができたよ。

選択肢の訳 **1** それは彼女だよ。 **2** ありがとう，（今）行く。

3 はい，（彼女は）そうです。

解説 〈be動詞＋ready〉で「〜の準備ができている」。エプロン姿の女の子が男性（父親）に，朝食の準備ができたと伝えているので，男性の返答としては，朝食を準備してくれたことへのお礼と，食卓に向かうことを述べている**2**が適切。本問のように，「（相手のところ）に行く」という場合は，goではなくcomeを使うことに注意。

No.6 正解 3

放送文 When is your history test, Brad?

1 With my friend.

2 At school.

3 Tomorrow.

訳 歴史のテストはいつなの，ブラッド？

選択肢の訳 **1** 友達とだよ。　**2** 学校でだよ。　**3** 明日だよ。

解説 〈When ＋ be動詞＋主語？〉で「～はいつですか」。女性は男の子に歴史のテストがいつなのかをたずねているから，男の子の答えとしては，「明日」と具体的に「時」を答えている**3**が適切。**1**のwithは「～といっしょに」という意味の前置詞。

No.7 正解 **1**

放送文 Is your sister a fast runner?

1 No, she isn't.

2 Yes, I am.

3 You, too.

訳 君のお姉［妹］さんは速く走るの？

選択肢の訳 **1** いいえ，（彼女は）ちがうよ。　**2** はい，（私は）そうだよ。　**3** あなたもね。

解説 Is ～?の形で聞かれたら，〈Yes, ＋主語＋ is.〉/〈No, ＋主語＋ is not[isn't].〉とbe動詞isを使って答えるのが基本。isを使って答えている**1**が正解。runnerは「走る人，走者」の意味で，放送文は直訳すると「あなたのお姉［妹］さんは速い走者ですか」の意味。**3**は，Have a nice day! ― You, too.「よい1日を」「あなたもね」のように使うのが基本。

No.8 正解 **3**

放送文 I like your hat.

1 It's 12:30.

2 I don't know.

3 Thank you very much.

訳 あなたの帽子が気に入っているよ。

選択肢の訳 **1** 12時30分だよ。　**2** ぼくはわからないよ。

3 どうもありがとう。

解説　女性は，男性の帽子のことをほめているので，男性の返答として
は，ほめられたことへのお礼を述べている**3**が適切。hatは「(縁のある)
帽子」のことで，「(縁がないか，ひさしがある)帽子」はcapで表す。
Thank you (very much).と言われたら，You're welcome.「どうい
たしまして」，My pleasure.「どういたしまして」，No problem.「何
でもありませんよ」などと応答することも覚えておこう。**1**のit'sはit
isの短縮形。時刻を表すときはitを主語にし，このitは「それは」と訳
さないことも確認しておこう。

No.9　正解　**2**

放送文　Does your father like fishing?

 1 It's a river.

 2 Yes, he does.

 3 No, you can't.

訳　あなたのお父さんは釣りが好きなの？

選択肢の訳　**1**　それは川だよ。 **2**　うん，(彼は)好きだよ。
3　ううん，(君は)できないよ。

解説　Does 〜？と聞かれたら，Yes, ... does.または No, ... does
not[doesn't].で答えるのが基本。doesを使って答えている**2**が正解。
3のcan'tはcannotの短縮形。fishing「釣り」と似たような表現として，
shopping「買い物」，swimming「水泳」，camping「キャンプ」，
cycling「サイクリング」も覚えておこう。

No.10　正解　**1**

放送文　I'm studying math today.

 1 Me, too.

 2 Yes, I do.

 3 Good, thanks.

訳　ぼくは今日，数学を勉強しているんだ。

選択肢の訳　**1**　私もよ。 **2**　うん，するよ。 **3**　いいよ，ありがとう。

解説 I'mはI amの短縮形。放送文は〈be動詞（am / is / are）＋動詞の-ing形〉の形だから，「〜しています」という現在進行形の文。男の子は電話で，自分が数学の勉強をしていることを女の子に伝えているので，女の子の返答として**1**を入れれば，女の子も数学の勉強をしていることを伝える発言となり，自然な会話になる。**1**のMe, too. は，I'm studying math, too.「私も数学を勉強しています」の意味。

CD 青-12 ～ CD 青-17

第2部 リスニング（問題編p.97）

No.11 正解 **3**

放送文 *A:* Are your baseball shoes in your room, John?

B: No, Mom. They're in my locker at school.

Question: Where are John's baseball shoes?

訳 A：野球シューズはあなたの部屋にあるの，ジョン？ B：違うよ，ママ。学校のロッカーにあるんだ。

質問の訳 ジョンの野球シューズはどこにありますか。

選択肢の訳 **1** 彼の部屋に。 **2** スポーツショップに。 **3** 彼のロッカーに。 **4** 浴室［トイレ］に。

解説 リスニング第2部では，対話が流れる前に選択肢にざっと目を通して，「何が問われるのか」を予測し，どこに注意して聞くかを考えておこう。例えば，No. 11の選択肢はすべて，〈In＋場所〉の形で，「〜（の中）で」という意味なので，where「どこ」の質問を予測し，「場所」に注意して聞く。質問文の〈Where＋be動詞＋主語?〉は，「〜はどこにいますか［ありますか］」。A（母親）に「野球シューズはあなたの部屋にあるの？」とたずねられたB（＝ジョン）は，「違うよ」と否定したあと，「学校のロッカーにあるんだ」と答えているので，**3**が正解。この問題のように，Noで否定したあとに正しい答えが続くことが多いので，Noで答えたあとの内容に注意して聞く。

No.12　正解　2

放送文 **A:** Is this movie two hours long, Jessica?

B: Yes, Dad. It's really funny.

Question: How long is the movie?

訳　A：この映画の長さは2時間なの，ジェシカ？　B：うん，パパ。本当におもしろいよ。

質問の訳　その映画はどのくらいの長さですか。

選択肢の訳　**1**　1時間。　**2**　2時間。　**3**　3時間。　**4**　4時間。

解説　選択肢はすべて「～時間」という形なので，How long ～?の質問を予測し，「時間の長さ」に注意して聞く。質問文の〈How long＋be動詞＋主語?〉は「～はどのくらいの長さですか」と，ものや時間の長さをたずねる表現。A（＝父親）が「この映画の長さは2時間なの？」とたずねたのに対し，B（＝ジェシカ）は「うん」と述べているから，2が正解。

No.13　正解　4

放送文 **A:** Do you play computer games after dinner, Kate?

B: No, I don't. I listen to music.

Question: What does Kate do after dinner?

訳　A：君は夕食後にコンピューターゲームをするの，ケイト？
B：ううん，やらないわ。私は音楽を聴くの。

質問の訳　ケイトは夕食の後，何をしますか。

選択肢の訳　**1**　彼女はコンピューターゲームをします。　**2**　彼女は雑誌を読みます。　**3**　彼女は宿題をします。　**4**　彼女は音楽を聞きます。

解説　選択肢はすべて，〈She＋一般動詞～〉の形で，「彼女は～します」という意味なので，what「何」の質問を予測し，「女性がすること」に注意して聞く。質問文の〈What do[does]＋主語＋do＋時や場所を表す語句?〉は，「…は～に何をしますか」。2つ目のdoは「～する」という一般動詞。A（＝男性）に「君は夕食後にコンピューターゲームをするの？」とたずねられたB（＝ケイト）は，「ううん」と否定したあと，

「私は音楽を聴くの」と答えているので，**4**が正解。この問題も，Noで否定したあとに正しい答えが続く形。

No.14　正解　**3**

放送文　*A:* My father is a bus driver.

　　　B: Really? My mother is a taxi driver.

　　　Question: Who is a taxi driver?

訳　A：私の父はバスの運転手なんだ。　B：そうなの？　ぼくの母はタクシーの運転手なんだ。

質問の訳　タクシーの運転手はだれですか。

選択肢の訳　**1**　女の子の母親。　**2**　女の子の父親。　**3**　男の子の母親。
4　男の子の父親。

解説　選択肢はすべて，「〜の母［父］」という意味なので，who「だれ」の質問を予測し，「人物」に注意して聞く。質問文の〈Who＋be動詞＋主語?〉は，「〜はだれですか」と「名前や間柄」をたずねる表現。B（＝男の子）は，「ぼくの母はタクシーの運転手なんだ」と述べているので，**3**が正解。

No.15　正解　**2**

放送文　*A:* How tall is that tower, Dad?

　　　B: It's 360 meters tall.

　　　Question: How tall is the tower?

訳　A：あの塔はどのくらいの高さなの，パパ？　B：360メートルだよ。

質問の訳　塔はどのくらいの高さですか。

選択肢の訳　**1**　300メートル。　**2**　360メートル。　**3**　500メートル。　**4**　560メートル。

解説　選択肢はすべて，〈〜 meters〉の形で「〜メートル」という意味なので，how tall[high]「どのくらいの高さ」やhow long「どのくらいの長さ」の質問を予測し，「高さや長さ」に注意して聞く。質問文の〈How tall＋be動詞＋主語?〉は「〜はどのくらいの高さですか」

と「身長や建物などの高さ」をたずねる表現。A（＝女の子）に「あの塔はどのくらいの高さなの？」とたずねられたB（＝父親）は「360メートルだよ」と答えているので，**2**が正解。

CD 青-18 ～ CD 青-28

第3部　リスニング（問題編pp.98〜99）

No.16　正解　**3**

放送文　**1**　The baseball bat is 18 centimeters long.

　　　　2　The baseball bat is 38 centimeters long.

　　　　3　The baseball bat is 83 centimeters long.

訳　**1**　その（野球の）バットは長さ18cmです。　**2**　その（野球の）バットは長さ38cmです。　**3**　その（野球の）バットは長さ83cmです。

解説　第3部の問題で放送される3つの英文は共通部分が多く，一部の語句だけが異なっている。異なっている部分が解答のポイントとなるから，そこに注意して聞く。また，本問のイラストから「長さを表す数字」にも注意して聞く。本問の英文はどれも〈The baseball bat is 〜 centimeters long.〉という形で，「その（野球の）バットは長さ〜cmです」の意味。異なるのは「（野球の）バットの長さ」。イラストでは，バットの長さが「83cm」と示されているので，**3**が正解。

No.17　正解　**1**

放送文　**1**　Susan is riding a bike.

　　　　2　Susan is buying a bike.

　　　　3　Susan is washing a bike.

訳　**1**　スーザンは自転車に乗っています。　**2**　スーザンは自転車を買っています。　**3**　スーザンは自転車を洗っています。

解説　本問の英文はどれも〈Susan is＋動詞の -ing形＋a bike.〉の形だから，「スーザンは自転車を［に］〜しています」という現在進行形の文。異なるのは「スーザンがしていること」。イラストでは，自転車

に乗っている女性が描かれているから，**1**が正解。

No.18 正解 **1**

放送文　**1**　A ball is under the chair.

　　2　A bag is under the chair.

　　3　A bottle is under the chair.

訳　**1**　ボールがいすの下にあります。　**2**　バッグがいすの下にあります。　**3**　ビンがいすの下にあります。

解説　本問の英文はどれも〈A ～ is under the chair.〉の形で，under ～は「～の下に」だから，「～がいすの下にあります」の意味。異なるのは「いすの下にあるもの」。イラストでは，いすの下にあるボールが描かれているから，**1**が正解。

No.19 正解 **2**

放送文　**1**　Open your textbooks to page 115.

　　2　Open your textbooks to page 150.

　　3　Open your textbooks to page 155.

訳　**1**　教科書の115ページを開きなさい。　**2**　教科書の150ページを開きなさい。　**3**　教科書の155ページを開きなさい。

解説　イラストから「ページを表す数字」に注意して聞く。本問の英文はどれも〈Open your textbooks to page ＋数字.〉の形だから，「教科書の～ページを開きなさい」の意味。異なるのは「ページの数字」。イラストでは，「150」と書かれた本が描かれているから，**2**が正解。本問のfifteen「15」とfifty「50」のように，似た発音の数字も多いので，発音だけでなくアクセントにも注意する。-teenがついている数字は-teenの部分を，-tyがついている数字は前の部分を強く読むのが基本。

No.20 正解 **2**

放送文　**1**　Mr. Hilton is a police officer.

　　2　Mr. Hilton is a waiter.

　　3　Mr. Hilton is a doctor.

訳 **1** ヒルトンさんは警察官です。 **2** ヒルトンさんはウェイター[接客係]です。 **3** ヒルトンさんは医者です。

解説 本問の英文はどれも〈Mr. Hilton is＋職業名.〉の形だから,「ヒルトンさんは〜です」の意味。異なるのは「職業」。イラストでは,ウェイター[接客係]が描かれているから,**2**が正解。職業を表す英語として,computer programmer「プログラマー」, astronaut「宇宙飛行士」, musician「音楽家」, office worker「会社員」, scientist「科学者」, nurse「看護師」, engineer「技師」, writer「作家」, teacher「教師」, carpenter「大工」, farmer「農場経営者, 農場主」, actor「俳優」, singer「歌手」, cook「コック」も覚えておこう。

No.21 正解 **2**

放送文 **1** Tony is cleaning his room.

2 Tony is doing his homework.

3 Tony is washing the dishes.

訳 **1** トニーは部屋をそうじしています。 **2** トニーは宿題をしています。 **3** トニーは皿を洗っています。

解説 本問の英文はどれも〈Tony is＋動詞の -ing形〜.〉の形だから,「トニーは〜しています」という現在進行形の文。異なるのは「トニーがしていること」。イラストでは,机に向かって宿題をしている男の子が描かれているから,**2**が正解。

No.22 正解 **3**

放送文 **1** Sally is looking at a penguin.

2 Sally is looking at a sheep.

3 Sally is looking at a rabbit.

訳 **1** サリーはペンギンを見ています。 **2** サリーはヒツジを見ています。 **3** サリーはウサギを見ています。

解説 本問の英文はどれも〈Sally is looking at＋動物名.〉の形で,look at 〜は「〜を見る」なので,「サリーは〜を見ています」という現在進行形の文。異なるのは「サリーが見ている動物」。イラストでは,

ウサギを見ている女の子が描かれているから，**3**が正解。動物を表す英語として，lion「ライオン」，bear「クマ」，cat「ネコ」，dog「イヌ」，cow「ウシ」，monkey「サル」，panda「パンダ」，tiger「トラ」，koala「コアラ」，kangaroo「カンガルー」，pig「ブタ」も覚えておこう。

No.23 正解 **3**

放送文 1 Jun eats lunch at 12:15.

2 Jun eats lunch at 12:25.

3 Jun eats lunch at 12:45.

訳 1 ジュンは12時15分に昼食をとります。 2 ジュンは12時25分に昼食をとります。 3 ジュンは12時45分に昼食をとります。

解説 イラストから時刻に注意して聞く。本問の英文はどれも〈Jun eats lunch at＋時刻.〉の形なので，「ジュンは～時…分に昼食をとります」という意味。異なるのは「ジュンが昼食をとる時刻」。イラストでは，12時45分に昼食を食べている男性が描かれているから，**3**が正解。

No.24 正解 **3**

放送文 1 Emily is sitting on a chair.

2 Emily is sitting on the floor.

3 Emily is sitting on a bed.

訳 1 エミリーはいすに座っています。 2 エミリーは床に座っています。 3 エミリーはベッドに座っています。

解説 sit on ～で「～に座る」。本問の英文はどれも〈Emily is sitting on ～.〉の形なので，「エミリーは～に座っています」という現在進行形の文。異なるのは「エミリーが座っている場所」。イラストでは，ベッドに座っている女の子が描かれているから，**3**が正解。sitのように最後の文字を重ねて-ing形を作る語として，running（走る）とswimming（泳ぐ）も確認しておこう。

CD 青

No.25 　正解　**1**

放送文 **1** 　Linda likes science.

　　　 2 　Linda likes sports.

　　　 3 　Linda likes singing.

訳 　**1** 　リンダは理科が好きです。 　**2** 　リンダはスポーツが好きです。

3 　リンダは歌うことが好きです。

解説 　本問の英文はどれも〈Linda likes ～.〉の形なので,「リンダは～が好きです」という意味。異なるのは「リンダが好きなこと」。イラストでは,楽しそうに理科の実験をしている女の子が描かれているから,**1** が正解。**3** のsingingのように,動詞を「-ing形」にすると「～すること」という意味になることも確認しておこう。

2022年度 第1回

筆記　解答・解説　　pp.100～110
リスニング　解答・解説　　pp.110～122

解答欄

問題番号		1	2	3	4
1	(1)	①	●	③	④
	(2)	①	②	●	④
	(3)	①	②	③	●
	(4)	①	②	●	④
	(5)	①	②	●	④
	(6)	①	②	③	●
	(7)	①	●	③	④
	(8)	①	②	③	●
	(9)	①	●	③	④
	(10)	●	②	③	④
	(11)	①	②	●	④
	(12)	①	●	③	④
	(13)	①	②	●	④
	(14)	●	②	③	④
	(15)	①	②	●	④

解答欄

問題番号		1	2	3	4
2	(16)	●	②	③	④
	(17)	①	②	●	④
	(18)	●	②	③	④
	(19)	①	②	③	●
	(20)	①	②	●	④
3	(21)	①	②	●	④
	(22)	①	②	③	●
	(23)	①	●	③	④
	(24)	●	②	③	④
	(25)	①	②	●	④

リスニング解答欄

問題番号		1	2	3	4
	例題	①	②	●	
第1部	No. 1	①	●	③	
	No. 2	●	②	③	
	No. 3	●	②	③	
	No. 4	①	●	③	
	No. 5	①	②	●	
	No. 6	①	●	③	
	No. 7	①	●	③	
	No. 8	①	②	●	
	No. 9	①	●	③	
	No. 10	●	②	③	
第2部	No. 11	①	②	●	④
	No. 12	①	●	③	④
	No. 13	●	②	③	④
	No. 14	①	●	③	④
	No. 15	①	②	●	④
第3部	No. 16	●	②	③	
	No. 17	●	②	③	
	No. 18	①	●	③	
	No. 19	①	●	③	
	No. 20	●	②	③	
	No. 21	①	●	③	
	No. 22	①	②	●	
	No. 23	①	②	●	
	No. 24	●	②	③	
	No. 25	①	②	●	

(1) 正解 2

訳 A：むこうにあるあの川を見て，ジャック。 B：わあ！ 水がとても青いね。

選択肢の訳 1 クラス，授業 2 川 3 足 4 教科書

解説 look at ～は「～を見る」。Aの文は，lookという「動詞のもとの形」で始まっているので，「～しなさい」という命令文。「動詞のもとの形」とは，「sやingなどの付かない形」のこと。（ ）のある英文は「むこうにあるあの（ ）を見て，ジャック」という意味。B（＝ジャック）は，「水がとても青いね」と述べているので，**2**の「川」を入れれば「むこうにあるあの川を見て」→「（川の）水がとても青いね」となって自然な会話になる。lookは，見ようとして視線を向けて見ること，seeは，見ようとしなくても自然に視界に入り見えること，watchは，動いたり変化したりするものを見ることであることも確認しておこう。自然を表す語として，mountain「山」，island「島」，sea「海」，lake「湖」，pond「池，沼」，sky「空」，star「星」も覚えておこう。

(2) 正解 3

訳 A：あなたの大好きな色は何ですか。 B：私は赤が好きです。

選択肢の訳 1 ミルク，牛乳 2 果物 3 色 4 ペット

解説 〈What＋be動詞＋主語?〉で，「～は何ですか」。favoriteは「大好きな，お気に入りの」の意味の形容詞。したがって，（ ）のある英文は，「あなたの大好きな（ ）は何ですか」という意味。Bは「私は赤が好きです」と，「好きな色」を答えているので，**3**の「色」を入れれば「あなたの大好きな色は何ですか」となって，自然な会話になる。色を表す英語として，white「白」，blue「青」，yellow「黄色」，brown「茶色」，green「緑色」，pink「ピンク色」，gray「灰色」も覚

えておこう。

(3) 正解 4

訳 アダムと私はよく公園に行きます。私たちはそこで花の絵を描きます。

選択肢の訳 1 読む 2 話す，教える 3 言う 4 描く

解説 動詞を選ぶ問題。（　）のある英文は，「私たちはそこで花の絵を（　）」という意味。there「そこで」は，前の文のthe park「公園」を指す。空所の直後が，pictures of flowers「花の絵」なので，物や人の姿や形を絵に表す動詞である**4の「描く」**を入れれば「〜花の絵を描きます」となって，自然な文になる。drawは「(鉛筆やペンで)線画を描く」，paintは「(絵の具で)描く」の意味であることも確認しておこう。

(4) 正解 3

訳 A：今日は寒いですか。　B：いいえ，晴れていて暖かいです。

選択肢の訳 1 背が高い 2 若い 3 寒い，冷たい 4 新しい

解説 天気や寒暖を表すときは主語にitを使い，このitは「それは」と訳さないので，（　）のある英文は「今日は（　）ですか」という意味。Bは「いいえ」と否定したあと，「晴れていて暖かいです」と述べているので，warm「暖かい」の反対の意味である**3の「寒い」**を入れれば，「今日は寒いですか」→「いいえ〜暖かいです」となって，自然な会話になる。天気や寒暖に関する形容詞として，rainy「雨の」，cloudy「くもりの」，snowy「雪の」，windy「風が強い」，hot「暑い」，cool「涼しい」も覚えておこう。

(5) 正解 3

訳 A：君は音楽が好きなの，カレン？　B：うん，好きだよ。私はバイオリンを演奏するんだ。

選択肢の訳 1 帽子 2 カメラ 3 バイオリン 4 机

解説 playには，①「(スポーツを)する」と，②「(楽器を)演奏する」

などの意味がある。①の場合は, play tennis「テニスをする」のように, 〈play＋スポーツ名〉で表す。②の場合は, play the piano「ピアノを演奏する」のように, 〈play the＋楽器名〉で表す。本問は（　　）の前にtheがあるので, ②の意味であり,（　　）のある英文は,「私は（　　）を演奏するんだ」という意味。B（＝カレン）は,「君は音楽が好きなの?」とたずねられ,「うん,（音楽が）好きだよ」と述べている。したがって, 3の「バイオリン」を入れれば,「音楽が好きだよ」→「私はバイオリンを演奏するんだ」となって自然な会話になる。楽器を表す英語として, guitar「ギター」, flute「フルート」, trumpet「トランペット」, drums「ドラム」なども覚えておこう。

(6)　正解　4

訳　A：何を作っているの?　B：チョコレートクッキーだよ。

選択肢の訳　1　眠る (-ing形)　2　（スポーツなどを）する (-ing形)　3　走る (-ing形)　4　作る (-ing形)

解説　選択肢は, すべて動詞の-ing形なので,（　　）のある英文は,〈What＋be動詞＋主語＋動詞の-ing形?〉という形になり,「…は何を〜していますか」(現在進行形)という意味。Bは「チョコレートクッキーだよ」と答えているので, 4を入れれば「何を作っているの?」→「チョコレートクッキー（を作っているん）だよ」となって, 自然な会話になる。お菓子を表す語として, doughnut「ドーナッツ」, cake「ケーキ」, pancake「パンケーキ」, ice cream「アイスクリーム」, pudding「プリン」も覚えておこう。3のrunningは, もとの形 (run) の最後の文字のnを重ねてingをつけることにも注意。

(7)　正解　2

訳　A：水がほしいの, ケビン?　B：うん, お願い。ぼくはとてものどが渇いているんだ。

選択肢の訳　1　やわらかい　2　のどが渇いた　3　親切な　4　新しい

解説　形容詞を選ぶ問題。（　　）のある英文は,「ぼくはとても（　　）だ」という意味。「水がほしいの?」とたずねられたB（＝ケビン）は,「う

ん，お願い」と言って，水がほしいことを相手に伝えているから，水がほしい状態を表す**2「のどが渇いた」**を入れれば，「うん，（水を）お願い」→「とてものどが渇いているんだ」となって，自然な会話になる。疑問文では，ふつうsomeではなくanyを使うが，本問のAのように，yesの答えを期待したり，相手に何かを頼んだり，勧めたりする場合は，someを使うことも確認しておこう。

(8)　正解　**4**

訳　リュウジは日本人です。彼は大阪の出身です。

選択肢の訳　**1**　～といっしょに　**2**　～について　**3**　～の下に［で］
4　～から

解説　熟語の問題。〈be動詞＋from＋地名・国名〉で，「～の出身だ」という意味を表す。Japaneseには，①「日本人」（名詞）と②「日本（人）の」（形容詞）などの意味があるが，第1文のJapaneseの前にはaがないので，このJapaneseは②であることに注意。第2文のhe'sはhe isの短縮形。

(9)　正解　**2**

訳　A：ケーキがほしい？　B：いいえ，ありがとう。

選択肢の訳　**1**　楽しむ　**2**　感謝する　**3**　与える　**4**　話す

解説　熟語の問題。No, thank you.で「いいえ，結構です」という意味を表す。相手に何かを勧められて，ていねいに断るときなどに使う表現。勧められたとおりにお願いするときは，Yes, please.「はい，お願いします」などと答えることも覚えておこう。

(10)　正解　**1**

訳　A：こんにちは，グリーン先生。　B：こんにちは，サラ。入って着席してください。

選択肢の訳　**1**　座る　**2**　助ける，手伝う　**3**　歌う　**4**　聞く

解説　熟語の問題。sit downで「座る，着席する」という意味を表す。（　）のある英文は，〈Please＋動詞のもとの形～.〉という形なので，

22年度第1回　筆記(6)～(10)

「どうぞ〜してください」というていねいな命令文。sit downの反対の意味の熟語である，stand up「立ち上がる」も覚えておこう。

(11) 正解 3

訳 A：あなたの弟さんは何歳ですか。 B：4歳です。

選択肢の訳 **1** 長い **2** くもった **3** 古い，年を取った **4** たくさんの

解説 熟語の問題。〈How old＋be動詞＋主語?〉で，「〜は何歳ですか」という意味を表す。人間や動物だけでなく，建物や学校などの古さをたずねるときにも使えることも覚えておこう。How old 〜?に対して，「〜歳です」と答えるときは，〈主語＋be動詞＋〜 year(s) old〉で表すが，本問のBの答えの文は，He's four (years old).のyears oldが省略された形。〈How＋形容詞［副詞］〜?〉の形の疑問文として，「値段や量」をたずねるHow much 〜?,「身長や建物などの高さ」をたずねるHow tall 〜?も確認しておこう。

(12) 正解 2

訳 A：午後，公園に行こう，お父さん。 B：いいよ。

選択肢の訳 **1** 〜の **2** 〜（の中）で **3** 〜で **4** 〜の上で

解説 熟語の問題。in the afternoonで「午後に」という意味を表す。〈Let's＋動詞のもとの形〜〉は「〜しましょう」と相手に提案する表現。in the morning「朝［午前中］に」，in the afternoon「午後に」，in the evening「夕方［晩］に」の3つをしっかり確認しておこう。Dadは「お父さん」の意味。Mom「お母さん」と同様，家庭内で使うときは，固有名詞的にDadと大文字で始めることが多い。

(13) 正解 3

訳 図書館では食べないでください。

選択肢の訳 **1** are notの短縮形 **2** いいえ **3** do notの短縮形 **4** （〜で）ない

解説 （ ）のある英文は，Please 〜で始まっていて，主語が無いの

で「〜してください」という「ていねいな命令文」。選択肢はいずれも，否定の意味を表す語なので，〈Please don't＋動詞のもとの形〜〉「〜しないでください」の形にする。〈Don't＋動詞のもとの形〜, please.〉でも同じ意味となるので，本問の英文は，Don't eat in the library, please.と書けることも確認しておこう。

(14) 正解 **1**

訳 サリーとパティーはよい友達です。彼女たちはいっしょにジョギングします。

解説 be動詞を選ぶ問題。主語のSally and Patty「サリーとパティー」は複数なので，be動詞は**1**の**are**が適切。be動詞の使い分け＝「①I→am，②youと複数→are，③そのほか→is」をきちんと確認しておこう。go joggingは「ジョギングに行く」。go swimming「泳ぎに行く」，go fishing「つりに行く」，go camping「キャンプに行く」，go shopping「買い物に行く」，go cycling「サイクリングに行く」も覚えておこう。

(15) 正解 **3**

訳 A：このノートはあなたのものですか。 B：いいえ，それはヘレンのものです。

選択肢の訳 **1** 私の **2** 彼女の，彼女を [に] **3** あなた（たち）のもの **4** 私たちの

解説 （ ）のある英文は，〈be動詞＋主語〜?〉の形なので，「このノートは〜ですか」という意味。Bは「いいえ」と言ったあと，「それはヘレンのものです」と「ノートの持ち主」を答えているので，**3の「あなたのもの」**を入れれば，「このノートはあなたのものですか」と「ノートの持ち主」をたずねる表現になり，自然な会話になる。you「あなたは [が]」-your「あなたの」-you「あなたを [に]」-yours「あなたのもの」と活用する。「あなたのもの」はyoursで表すが，「ビルのもの」のように，代名詞以外の名詞について，「〜のもの」というときは，名詞に〈's〉（アポストロフィs）をつけて〈名詞's〉の形にすることも覚

えておこう。

2 **筆記**（問題編pp.105〜106）

(16) 正解 **1**

訳 先生：あなたの歴史の教科書はどこにあるの，ベン？ 生徒：すみません。それは家にあります。

選択肢の訳 1 それは家にあります。 2 大丈夫です。 3 私は学校に行きます。 4 私はそれを読みます。

解説 〈Where＋be動詞＋主語?〉は「〜はどこにいますか［ありますか］」。先生は「あなたの歴史の教科書はどこにあるの？」とたずねているので，「それは家にあります」と，「歴史の教科書のある場所」を具体的に答えている1が適切。at homeで「家で［に］」。it'sはit isの短縮形。I'm sorry.は「すみません」「ごめんなさい」などの意味で，謝るときの決まり文句。

(17) 正解 **3**

訳 女の子1：私は体育館にいるあの男の人を知らないよ。彼の名前は何？ 女の子2：ウィリアムズさんだよ。

選択肢の訳 1 元気？ 2 彼のカメラはどこにあるの？ 3 彼の名前は何？ 4 あなたはいつプレーするの？

解説 選択肢はすべて疑問文なので，空所には疑問文が入る。女の子1に，空所の疑問文でたずねられた女の子2は，「ウィリアムズさんだよ」と「名前」を答えているので，女の子1は「名前」をたずねたのだとわかる。「〜の名前は何ですか」は，〈What is＋所有格＋name?〉で表すので，3が適切。what'sはwhat isの短縮形。なお，What's your name?は少しきつい言い方なので，ふつうはMay I have your name, please?「名前をうかがってもよろしいですか」などの表現を使う。1は「元気ですか」という決まり文句。How are you?と言われたら，I'm fine, thank you. And you?「私は元気です，ありがとう。あなた

は？」などと返すのが基本。

(18) 正解 1

訳 父親：ブレンダ，寝る時間だよ。 女の子：わかった。おやすみ，お父さん。

選択肢の訳 1 寝る時間だよ。 2 大丈夫だよ。 3 これを見てください。 4 夕食に来てください。

解説 父親の空所の発言のあと，女の子は「わかった。おやすみ」と言っているので，女の子はこれから寝るつもりであることがわかる。OK. は「よろしい」「はい」「わかりました」などの意味。したがって，1を入れれば「寝る時間だよ」→「わかった。おやすみ」となって，自然な会話になる。for は「〜のための」の意味で，直訳すれば「ベッドのための時間です」。Dad は「お父さん」の意味。Mom「お母さん」と同様，家庭内で使うときは，固有名詞的に Dad と大文字で始めることが多い。

(19) 正解 4

訳 母親：じゃあね。行ってらっしゃい［学校で楽しく過ごしてね］。男の子：じゃあね。また夕方に。

選択肢の訳 1 プールでだよ。 2 どういたしまして。 3 宿題があるんだ。 4 また夕方に［行ってきます］。

解説 Goodbye. は別れるときのあいさつ。have a good[nice] day は，親しい間柄でのあいさつで「よい一日を」のほか，「行ってらっしゃい」の意味で使う。男の子が通学のために家を出発する場面なので，4を入れれば「また（学校から帰ったあと）夕方に（会いましょう）」となって，自然な会話になる。See you. は「またね」「さようなら」の意味の別れのあいさつだが，本問のように「行ってきます」の意味でも使うことも覚えておこう。

(20) 正解 3

訳 母親：どんな飲みものがほしい？ 女の子：オレンジジュースを

お願い。

選択肢の訳 **1** 卵を２つ。 **2** うん，夜にね。 **3** オレンジジュースをお願い。 **4** 毎週末だよ。

解説 〈What＋名詞＋do[does]＋主語＋動詞のもとの形〜?〉で，「…はどんな―を〜しますか」の意味。母親は女の子に「どんな飲みものがほしい?」と「ほしい飲みもの」をたずねているので，女の子の返答としては，「オレンジジュースをお願い［ください］」と，「ほしい飲みもの」を具体的に答えている**3**が適切。pleaseは「どうか」の意味だが，〈ほしいもの，＋ please.〉の形で，「〜をお願いします［ください］」の意味にもなる。**2**のat nightは「夜に」。at noon「昼に」とペアで覚えておこう。**4**は，everyのあとには「単数形の名詞」が来るので，weekendが単数形であることに注意。複数形を使ったon weekends「毎週末に」とほぼ同じ意味であることも確認しておこう。

---

3 筆記 (問題編pp.107〜108)

---

(21) 正解 1

正しい語順 Mr. Walker washes his car on ④②①③

解説 一般動詞の英文は，〈主語（〜は）＋動詞（〜する）＋目的語（〜を［に]）＋場所や時や様子を表す語句.〉の語順が基本。したがって，まず，主語のMr. Walkerを文のはじめに置き，次に，「洗う」washesを置く。主語が3人称単数なので，washにesがついていることに注意。さらに「目的語」（〜を［に]）の「（彼の）車」his carを置く。最後に，「場所や時や様子を表す語句」である「土曜日に」を続ける。「〜曜日に」は〈on＋曜日名(s)〉で表し，印刷されているSaturdaysにつなげる。

---

(22) 正解 4

正しい語順 Can you use the Internet ③②①④

解説 「…は〜できますか」は〈Can＋主語＋動詞のもとの形〜?〉の

語順で表す。したがって，まず文のはじめにCanを置き，次に主語のyouを置く。さらに「動詞のもとの形」であるuse「使う」を続け，動詞のあとに目的語であるthe Internetを置いて，「場所や時や様子を表す語句」であるat school「学校で」に続ける。

(23) 正解 **2**

正しい語順 is from four thirty to　④②③①

解説 「…は〜です」は，〈主語＋am[are ／ is]〜〉の語順にする。主語My piano lessonは3人称単数なので，be動詞は語群のisを使う。「AからBまで」は，from A to Bで表す。「X時Y分」は，〈X＋Y〉の形で数を並べて表すので「4時半（＝4時30分）」はfour thirtyで表す。「5時」のような「ちょうどの時刻」は，fiveのように数だけで表してもよいし，本問のfive o'clockのように〈数字＋o'clock〉の形にしてもよい。

(24) 正解 **1**

正しい語順 Which cap do you　②①④③

解説 「…はどの［どちらの］─を〜しますか」は〈Which＋名詞＋do[does]＋主語＋動詞のもとの形〜?〉の語順。「どちらの─」は〈Which＋名詞〉なので，「どちらの帽子」は，Which cap。次に，主語はyouなので，do youを続け，最後に「動詞のもとの形」であるlikeを置く。capは「（縁がないか，ひさしがある）帽子」で，「（縁のある）帽子」はhatで表すことも覚えておこう。

(25) 正解 **3**

正しい語順 has a lot of interesting　①②④③

解説 語群に，haveの3人称単数現在形＝hasがあるので，「この図書館はたくさんのおもしろい本を持っています」と考える。一般動詞（has）の英文なので，〈主語（〜は）＋動詞（〜する）＋目的語（〜を［に]).〉の語順にする。主語This libraryのあとに，have「持っている」の3人称単数現在形hasを置き，最後に目的語＝「たくさんのおもしろい本」

を置く。「たくさんの〜」は語群から a lot of 〜を使い，interesting「おもしろい」を続け，books「本」につなげる。a lot of 〜は a が付いているが，「たくさんの〜」の意味なので，あとに続く「数えられる名詞」は複数形を使うことに注意。

CD 青-29 〜 CD 青-39

第1部 リスニング (問題編pp.109〜110)

〔例題〕 Is this your bag?

1 Sure, I can. **2** On the chair. **3** Yes, it is. 〔正解〕 **3**

訳 これはあなたのかばんですか。

選択肢の訳 **1** もちろん，できます。 **2** いすの上に。 **3** はい，そうです。

No.1 正解 2

放送文 What color do you like?

1 Science.

2 Purple.

3 Hot dogs.

訳 あなたは何色が好きなの？

選択肢の訳 **1** 理科です。 **2** 紫です。 **3** ホットドッグです。

解説 〈What＋名詞＋do[does]＋主語＋動詞のもとの形〜?〉で「…はどんな—を〜しますか」の意味。女性は，「好きな色」を男の子にたずねているので，男の子の返答としては，「好きな色」を具体的に答えている **2「紫です」** が適切。色の英語として，white「白」，red「赤」，blue「青」，yellow「黄色」，brown「茶色」，green「緑色」，pink「ピンク色」，gray「灰色」も覚えておこう。

No.2 正解 1

放送文 Excuse me. Are you Ms. Gordon?

1 No, I'm Sarah Taylor.

2 No, you don't.

3 I see.

訳 すみません。あなたはゴードンさんですか。

選択肢の訳 **1** いいえ，私はサラ・テイラーです。 **2** いいえ，（あなたは）ちがいます。 **3** なるほど。

解説 Are you ～?「あなたは～ですか」に対しては，Yes, I am. / No, I'm not. で答えるのが基本。したがって，be動詞amを使って答えている**1**が正解。Excuse me. は「すみません」と知らない人にたずねるときに使う表現。道をあけてもらうときなどに「すみません」と言うときや，相手の言うことが聞き取れず「もう一度言ってください」と言うときなどにも使う。**3**のI see. は，「なるほど」「わかりました」という意味。

No.3 正解 **1**

放送文 Brush your teeth, Brian.

  1 All right, Mom.

  2 No, they aren't.

  3 That's all.

訳 歯をみがきなさい，ブライアン。

選択肢の訳 **1** わかったよ，ママ。 **2** いいえ，ちがいます。
3 それで全部です。

解説 brushは「みがく」という動詞。teethはtooth「歯」の複数形。放送文は，動詞のもとの形（brush）で始まっているので，「～しなさい」という命令文。命令文に対しては，All right.「わかりました」，OK.「わかりました」，Sure.「もちろん」などと返事をするので，**1**が正解。

No.4 正解 **2**

放送文 What do you do on weekends?

  1 With my family.

  2 I play tennis.

  3 I like it.

訳 毎週，週末は何をするの？

選択肢の訳 **1** 家族といっしょに。 **2** 私はテニスをするんだ。
3 私はそれが気に入っているんだ。

解説 〈What do[does]＋主語＋動詞のもとの形～?〉は「…は何を～
しますか」。What do you do ～?の，最初のdoは疑問文を作るときに
使うdo。2番めのdoは「～する」という一般動詞。on weekendsは
「(毎)週末に」。男性は「毎週，週末は何をするの？」とたずねている
ので，女性の返答としては，「私はテニスをするんだ」と，週末にする
ことを具体的に答えている**2**が適切。

No.5　正解　**3**

放送文 Who is playing the piano?

    1 At home.

    2 Yes, he is.

    3 My classmate.

訳 だれがピアノを弾いているの？

選択肢の訳 **1** 家でだよ。 **2** うん，そうだよ。 **3** 私のクラスメー
トだよ。

解説 〈Who is＋動詞の-ing形～?〉で「だれが～していますか」(現
在進行形)。男性は「だれがピアノを弾いているの？」とたずねている
ので，女性の返答としては，「私のクラスメートだよ」と，弾いている
人を具体的に答えている**3**が適切。「(楽器を)演奏する」は，〈play
the＋楽器名〉のようにtheを使って表すことも確認しておこう。楽器
の英語として，guitar「ギター」，violin「バイオリン」，flute「フルー
ト」，trumpet「トランペット」，drums「ドラム」なども覚えておこう。

No.6　正解　**2**

放送文 Do you have an eraser, Meg?

    1 I can't write.

    2 Sorry, I don't.

    3 I usually walk.

訳 消しゴムを持ってる，メグ？

選択肢の訳 **1** 私は書けないの。 **2** ごめん，（持って）ないの。
3 ふだんは歩いて行くよ。

解説 〈Do you＋動詞のもとの形～?〉は「あなたは～しますか」という一般動詞の疑問文。Do you ～?と聞かれたら，Yes, I do. または No, I do not[don't]. で答えるのが基本だが，選択肢の中で，yes / no を使っているものはないので，内容から考える。男の子は「消しゴムを持ってる？」とたずねているので，女の子の返答として **2** を選べば，Sorry, I don't (have an eraser). 「ごめん，（消しゴムを持って）ないの」となって自然な会話になる。**3** のusuallyは，①一般動詞の前，②be動詞・助動詞のあとに置くのが基本。

No.7 正解 **2**

放送文 How many baseball gloves do you have?

    1 By bike.

    2 Only one.

    3 My favorite player.

訳 野球のグローブをいくつ持っているの？

選択肢の訳 **1** 自転車でだよ。 **2** １つだけだよ。 **3** ぼくのお気に入りの選手なんだ。

解説 質問文の〈How many＋複数名詞＋do[does]＋主語＋動詞のもとの形～?〉は「…はいくつの―を～しますか」。女の子は「野球のグローブをいくつ持っているの？」と「持っているグローブの数」をたずねているから，男の子の返答としては，「１つだけだよ」と，「数」を具体的に答えている **2** が適切。

No.8 正解 **3**

放送文 Can you speak Japanese?

    1 No, it's not.

    2 It's my dictionary.

    3 Yes, a little.

訳 あなたは日本語が話せるの？

選択肢の訳 **1** ううん，それはちがうよ。 **2** それはぼくの辞書だよ。 **3** うん，少し。

解説 〈Can＋主語＋動詞のもとの形〜?〉で「…は〜することができますか」。Can you 〜?と聞かれたら，Yes, I can.または No, I cannot[can't].で答えるのが基本。選択肢の中で，yes / noを使っているのは**1**と**3**だが，Can you 〜?に対してit'sで答えるのは不適切なので，**3**が正解。a littleは「少し」の意味で，Yes, (I can speak Japanese) a little.「うん，（ぼくは）少し（日本語を話すことができます）」の省略。言語を表す語として，French「フランス語」，Chinese「中国語」，Korean「韓国［朝鮮］語」なども覚えておこう。

No.9 **正解 2**

放送文 When is your basketball practice?
    1 At school.
    2 On Wednesday.
    3 In my club.

訳 バスケットボールの練習はいつなの？

選択肢の訳 **1** 学校でだよ。 **2** 水曜日だよ。 **3** 私のクラブでだよ。

解説 〈When＋be動詞＋主語?〉で「〜はいつですか」。practiceは「練習する」という動詞としても使うが，本問の放送文のpracticeは「練習」という名詞。男性は，女の子に「バスケットボールの練習はいつなの？」とたずねているので，女の子の返答としては「水曜日だよ」とバスケットボールの練習日を具体的に答えている**2**が適切。「〜曜日に」は〈on＋曜日名〉で表すことを確認しておこう。Sunday「日曜日」，Monday「月曜日」，Tuesday「火曜日」，Wednesday「水曜日」，Thursday「木曜日」，Friday「金曜日」，Saturday「土曜日」という曜日名もしっかり覚えること。

No.10 **正解 1**

放送文 Thank you for the present, Tom!

1 You're welcome.

2 At the shop.

3 I'm fine.

訳 プレゼントをありがとう，トム！

選択肢の訳 1 どういたしまして。 2 その店でだよ。 3 元気だよ。

解説 Thank you for 〜.で「〜をありがとう」。女性は，プレゼントをもらったお礼を男性に言っているので，男性の返答としては，お礼の言葉への返答として使う1「どういたしまして」が正解。ほかに，My pleasure.「どういたしまして」，No problem.「何でもありませんよ［どういたしまして］」なども覚えておこう。3は，How are you?「元気ですか」と言われたときなどの返答に使う決まり文句。

  第**2**部 リスニング（問題編p.111）

No.11　正解　3

放送文 *A:* Is your piano lesson at 4:30 today, Jennifer?

　　　B: No. My lesson is at five today.

　　　Question: What time is Jennifer's piano lesson today?

訳 A：ピアノのレッスンは今日の4時30分なの，ジェニファー？
B：ううん。レッスンは今日の5時だよ。

質問の訳 今日，ジェニファーのピアノのレッスンは何時ですか。

選択肢の訳 1 4時。 2 4時30分。 3 5時。 4 5時30分。

解説 リスニング第2部では，対話が流れる前に選択肢にざっと目を通して，「何が問われるのか」を予測し，どこに注意して聞くかを考えておこう。例えば，No.11の選択肢はすべて，〈At＋時刻〉の形で，「〜時…分」という意味なので，what time「何時」やwhen「いつ」の質問を予測し，「時刻」に注意して聞く。質問文の〈What time＋be動詞＋主語?〉は「〜は何時ですか」。B（＝ジェニファー）は，「レッスンは今日の5時だよ」と述べているので，3が正解。この問題のように，

115

Noで否定したあとに正しい答えが続くことが多いので，Noで答えたあとの内容に注意して聞く。

No.12　正解　2

放送文　*A:* Is Mr. Smith's birthday next week, Yuko?

B: No. It's tomorrow.

Question: When is Mr. Smith's birthday?

訳　A：スミス先生の誕生日は来週なの，ユウコ？　B：ううん。明日だよ。

質問の訳　スミス先生の誕生日はいつですか。

選択肢の訳　**1**　今日。　**2**　明日。　**3**　来週。　**4**　来月。

解説　選択肢はすべて「時」を表す語句なので，When 〜?の質問を予測し，「時」に注意して聞く。質問文の〈When＋be動詞＋主語?〉は「〜はいつですか」。A（＝男性）が「スミス先生の誕生日は来週なの？」とたずねたのに対し，B（＝女性）は「ううん」と否定したあと「明日だよ」と述べているから，**2**が正解。この問題も，Noで否定したあとに正しい答えが続く形。

No.13　正解　1

放送文　*A:* Laura, are you doing your homework?

B: No, Dad. I'm writing a letter.

Question: What is Laura doing?

訳　A：ローラ，宿題をやっているの？　B：ううん，お父さん。私は手紙を書いているの。

質問の訳　ローラは何をしていますか。

選択肢の訳　**1**　手紙を書いている。　**2**　友達に電話している。**3**　本を読んでいる。　**4**　宿題をしている。

解説　選択肢はすべて「動詞の-ing形〜」なので，〈主語＋be動詞〉が省略された現在進行形の文で「〜している」という意味。異なるのは「何をしているか」なので，What 〜?の質問を予測し，「していること」に注意して聞く。質問文の〈What＋be動詞＋主語＋doing?〉は「〜

は何をしていますか」。B（＝ローラ）は，「私は手紙を書いているの」と述べているので，**1**が正解。この問題も，Noで否定したあとに正しい答えが続く形。

No.14 正解 **2**

放送文 *A:* I have a new hamster. Do you have any pets?

B: Yes, Paul. I have a cat and a fish.

Question: What does Paul have?

訳 A：ぼくは新しいハムスターを飼っているんだ。君は何かペットを飼っているの？　B：うん，ポール。私はネコと魚を飼っているよ。

質問の訳 ポールは何を飼っていますか。

選択肢の訳 **1** ウサギ。　**2** ハムスター。　**3** ネコ。　**4** 魚。

解説 選択肢はすべて「動物」なので，What ～?の質問を予測し，「動物名」に注意して聞く。質問文の〈What do[does]＋主語＋動詞のもとの形～?〉は，「…は何を～しますか」。A（＝ポール）は，「ぼくはハムスターを飼っているんだ」と述べているので，**2**が正解。この問題では，BではなくAの発言がポイントになっていることに注意。動物を表す英語として，lion「ライオン」，bear「クマ」，dog「イヌ」，cow「ウシ」，monkey「サル」，panda「パンダ」，pig「ブタ」，tiger「トラ」，koala「コアラ」も覚えておこう。

No.15 正解 **3**

放送文 *A:* I have two sisters. How about you, Jane?

B: I have one. She's three years old.

Question: How old is Jane's sister?

訳 A：ぼくには2人の姉妹がいるんだ。君はどうなの，ジェーン？　B：私は1人いるよ。彼女は3歳なんだ。

質問の訳 ジェーンの妹は何歳ですか。

選択肢の訳 **1** 1歳。　**2** 2歳。　**3** 3歳。　**4** 4歳。

解説 選択肢はすべて「数」なので，How many ～?やHow old ～?などの質問を予測し，「数」に注意して聞く。質問文の〈How old＋

be動詞＋主語?〉は「〜は何歳ですか」と年齢をたずねる表現。B（＝ジェーン）は，「私は1人いるよ」と言ったあと「彼女（＝妹）は3歳なんだ」と述べているので，**3**が正解。AのHow about 〜?は，「〜はどうですか」と，相手の意見を求めたり，「〜（して）はどうですか」と相手を誘ったりする表現。

No.16　正解　**1**

放送文　**1**　Neil goes to work by subway every morning.

　　　　2　Neil goes to work by bike every morning.

　　　　3　Neil goes to work by car every morning.

訳　**1**　ニールは毎朝，地下鉄で仕事に行きます。　**2**　ニールは毎朝，自転車で仕事に行きます。　**3**　ニールは毎朝，車で仕事に行きます。

解説　第3部の問題で放送される3つの英文は共通部分が多く，一部の語句だけが異なっている。異なっている部分が解答のポイントとなるから，そこに注意して聞く。本問の英文はどれも〈Neil goes to work by＋交通手段＋every morning.〉という形だから，「ニールは毎朝，〜で仕事に行きます」の意味。異なるのは「交通手段」。イラストでは，通勤カバンを持って駅に立っている男性が描かれているから，**1**が正解。「（乗り物）で」と交通手段を言うときは〈by＋（a[an]などのつかない）乗り物名〉で表すことにも注意。乗り物を表す英語として，train「電車」，bus「バス」，unicycle「一輪車」，taxi「タクシー」，ship「船」，boat「ボート」，airplane「飛行機」も覚えておこう。

No.17　正解　**1**

放送文　**1**　Josh is in a museum.

　　　　2　Josh is in a library.

　　　　3　Josh is in a station.

訳 **1** ジョシュは博物館［美術館］にいます。　**2** ジョシュは図書館にいます。　**3** ジョシュは駅にいます。

解説 本問の英文はどれも〈Josh is in a＋場所.〉の形だから,「ジョシュは〜にいます」の意味。異なるのは「ジョシュがいる場所」。イラストでは,博物館［美術館］にいる男の子が描かれているから,**1**が正解。施設などの英語として, stadium「競技場」, factory「工場」, aquarium「水族館」, amusement park「遊園地」, zoo「動物園」, department store「デパート」も覚えておこう。

No.18 正解 **2**

放送文 **1** The knife is under the plate.

2 The knife is on the plate.

3 The knife is by the plate.

訳 **1** ナイフは皿の下にあります。　**2** ナイフは皿の上にあります。　**3** ナイフは皿のそばにあります。

解説 本問の英文はどれも〈The knife is＋前置詞＋the plate.〉の形だから,「ナイフは皿の〜にあります」の意味。異なるのは「ナイフと皿の位置関係」。イラストでは,皿の上にあるナイフが描かれているから,**2**が正解。**1**のunder 〜は「〜の下に」。**2**のon 〜は「（表面に接して）〜の上に」。**3**のby 〜は「〜のそばに」。場所の前置詞（句）として, near 〜「〜の近くに」, along 〜「〜に沿って」, in front of 〜「〜の前に」も覚えておこう。

No.19 正解 **2**

放送文 **1** The students have P.E. class this morning.

2 The students have art class this morning.

3 The students have math class this morning.

訳 **1** 生徒たちは今朝,体育の授業があります。　**2** 生徒たちは今朝,美術の授業があります。　**3** 生徒たちは今朝,数学の授業があります。

解説 本問の英文はどれも〈The students have＋教科名＋class this

119

morning.〉の形だから,「生徒たちは今朝,〜の授業があります」の意味。異なるのは「教科」。イラストでは，美術の授業を受けている生徒たちが描かれているから，**2**が正解。教科を表す英語として，Japanese「国語，日本語」，English「英語」，social studies「社会」，music「音楽」，home economics「家庭科」，P.E.「体育」も覚えておこう。

No.20　正解　**1**

放送文　**1**　The man is singing in the concert.

　　　　2　The man is watching the concert.

　　　　3　The man is going to the concert.

訳　**1**　その男性はコンサートで歌っています。　**2**　その男性はコンサートを見ています。　**3**　その男性はコンサートに行くところです。

解説　本問の英文はどれも〈The man is＋動詞の-ing形 〜 the concert.〉の形だから,「その男性はコンサート〜ています」という現在進行形の文。異なるのは「男性がしていること」。イラストでは，ステージで歌っている男性が描かれているから，**1**が正解。

No.21　正解　**2**

放送文　**1**　The tree is 14 meters tall.

　　　　2　The tree is 40 meters tall.

　　　　3　The tree is 140 meters tall.

訳　**1**　その木は14メートルの高さです。　**2**　その木は40メートルの高さです。　**3**　その木は140メートルの高さです。

解説　イラストから,「高さを表す数字」に注意して聞く。本問の英文はどれも〈The tree is＋数＋meters tall.〉の形だから,「その木は〜メートルの高さです」の意味。異なるのは「木の高さ」。イラストでは，高さ40メートルの木が描かれているから，**2**が正解。本問のfourteen「14」とforty「40」のように，似た発音の数字も多いので，発音だけでなくアクセントにも注意する。-teenがついている数字は-teenの部分を，-tyがついている数字は前の部分を強く読むのが基本。fortyのつ

づりにも注意。

No.22 正解 **3**

放送文　**1**　Helen is studying in the library.

　　　　2　Helen is studying in the classroom.

　　　　3　Helen is studying in her bedroom.

訳　**1**　ヘレンは図書館で勉強しています。　**2**　ヘレンは教室で勉強しています。　**3**　ヘレンは寝室で勉強しています。

解説　本問の英文はどれも〈Helen is studying in＋場所.〉の形だから，「ヘレンは～で勉強しています」という現在進行形の文。異なるのは「ヘレンが勉強している場所」。イラストでは，寝室で勉強している女の子が描かれているから，**3**が正解。家に関する語として，bathroom「ふろ場，トイレ」，living room「居間」，entrance「玄関」，kitchen「台所」，garden / yard「庭」，stairs「階段」，ceiling「天井」，floor「床」，wall「壁」も覚えておこう。

No.23 正解 **3**

放送文　**1**　It's hot today.

　　　　2　It's rainy today.

　　　　3　It's cold today.

訳　**1**　今日は暑いです。　**2**　今日は雨です。　**3**　今日は寒いです。

解説　本問の英文はどれも〈It's＋天気や寒暖を表す形容詞＋today.〉の形だから，「今日は～です」の意味。異なるのは「今日の寒暖や天気」。イラストでは，寒そうに震えている男性が描かれているから，**3**が正解。天気や寒暖を表すときは主語にitを使い，「それは」と訳さないことに注意。天気や寒暖の形容詞として，cloudy「くもりの」，sunny「日の照った」，snowy「雪の」，windy「風が強い」，cool「涼しい」，warm「暖かい」も覚えておこう。

No.24 正解 **1**

放送文　**1**　It's 6:25 in the morning.

2 It's 6:35 in the morning.

3 It's 6:45 in the morning.

訳 **1** 午前6時25分です。　**2** 午前6時35分です。　**3** 午前6時45分です。

解説 イラストから,「時刻」に注意して聞く。本問の英文はどれも〈It's+時刻＋in the morning.〉の形だから,「午前～時…分です」の意味。異なるのは「時刻」。イラストでは, 朝日とともに6時25分を示す時計が描かれているから, **1**が正解。

No.25 正解 **3**

放送文 **1** Jimmy can dance well.

2 Jimmy can swim well.

3 Jimmy can ski well.

訳 **1** ジミーは上手に踊ることができます。　**2** ジミーは上手に泳ぐことができます。　**3** ジミーは上手にスキーをすることができます。

解説 本問の英文はどれも〈Jimmy can＋動詞のもとの形＋well.〉の形だから,「ジミーは上手に～することができます」の意味。異なるのは「ジミーが上手にできること」。イラストでは, 上手にスキーをしている男性が描かれているから, **3**が正解。skiは「スキー板」(名詞)と「スキーをする」(動詞)の意味で,「(スポーツとしての)スキー」はskiingであることも確認しておこう。

2021年度 第3回

筆記　解答・解説　pp.124〜133
リスニング　解答・解説　pp.134〜146

解答欄

問題番号		1	2	3	4
1	(1)	①			
	(2)		②		
	(3)				④
	(4)			③	
	(5)				④
	(6)		②		
	(7)		②		
	(8)			③	
	(9)		②		
	(10)				④
	(11)			③	
	(12)	①			
	(13)	①			
	(14)				④
	(15)			③	

解答欄

問題番号		1	2	3	4
2	(16)		②		
	(17)	①			
	(18)				④
	(19)			③	
	(20)		②		
3	(21)			③	
	(22)			③	
	(23)	①			
	(24)	①			
	(25)			③	

リスニング解答欄

	問題番号	1	2	3	4
	例題	①	②	●	
第1部	No. 1	①	②	●	
	No. 2	●	②	③	
	No. 3	①	②	●	
	No. 4	①	●	③	
	No. 5	●	②	③	
	No. 6	●	②	③	
	No. 7	●	②	③	
	No. 8	①	●	③	
	No. 9	①	②	●	
	No. 10	①	●	③	
第2部	No. 11	①	②	③	●
	No. 12	①	●	③	④
	No. 13	●	②	③	④
	No. 14	●	②	③	④
	No. 15	①	②	③	●
第3部	No. 16	●	②	③	
	No. 17	①	●	③	
	No. 18	●	②	③	
	No. 19	①	②	●	
	No. 20	●	②	③	
	No. 21	①	●	③	
	No. 22	●	②	③	
	No. 23	①	②	●	
	No. 24	①	②	●	
	No. 25	①	●	③	

(1) 正解 **1**

訳 A：ジャネット，ここにおばあちゃんの写真アルバムがあるよ。
B：わあ！ とてもすてきだね。

選択肢の訳 **1** アルバム **2** 昼食 **3** ハーモニカ **4** 切符，チケット

解説 （ ）のある英文は，「ここにおばあちゃんの写真（ ）があるよ」という意味。Here is[are] 〜.で「ここに〜があります」。（ ）の直前が「写真」なので，写真を保存するための帳面である**1**の「**アルバム**」を入れれば「写真アルバムがあるよ」となって自然な文になる。grandmaは「おばあちゃん」で，grandmother「祖母」の話し言葉での言い方。grandfather「祖父」→grandpa「おじいちゃん」も覚えておこう。grandmaのような，代名詞以外の名詞について，「〜の」というときは，名詞の最後に〈's〉（アポストロフィ・エス）をつけて〈名詞's〉の形にすることも確認しておこう。

(2) 正解 **2**

訳 A：やあ，ぼくの名前はピーターだよ。 B：こんにちは，ピーター。私はジュンコだよ。はじめまして。

選択肢の訳 **1** 歩く **2** 会う，知り合いになる **3** 書く **4** 楽しむ

解説 my name'sはmy name isの短縮形で，会話等で使うくだけた表現。ピーターとジュンコは，お互いに名前を名乗っているので，初対面であることがわかる。したがって，**2**を入れて，初対面のあいさつでの決まり文句である，Nice to meet you.「はじめまして［お会いできてうれしいです］」とするのが適切。meetには，①「（偶然）出会う」，②「（約束して）会う」，③「知り合いになる」などの意味があり，Nice to meet you.は③の使い方。I'm glad to meet you.もほぼ同じ意味なので覚えておこう。Nice meeting you.は「お会いできてよかっ

たです」の意味で, 初対面のときの別れのあいさつ。

(3) 正解 4

訳 A：何かペットを飼っているの, ケリー？　B：うん。2匹のイ
ヌと1羽のウサギを飼っているよ。

選択肢の訳 1　ドア, 扉　2　コイン, 硬貨　3　口　4　ウサギ

解説 Aは「何かペットを飼っているの？」とたずねているので, B
（＝ケリー）の答えとしては, ペットにする動物の1種である**4の「ウ
サギ」**を入れれば,「2匹のイヌと1羽のウサギを飼っているよ」となっ
て, 自然な会話になる。haveの基本は「持っている」の意味だが,
have a rabbit「ウサギを持っている」→「ウサギを飼っている」,
have a friend「友達を持っている」→「友達がいる」など, いろいろ
な日本語に訳されるので注意しよう。動物を表す英語として, lion「ラ
イオン」, bear「クマ」, cat「ネコ」, dog「イヌ」, cow「ウシ」,
monkey「サル」, panda「パンダ」, pig「ブタ」, tiger「トラ」,
koala「コアラ」も覚えておこう。

(4) 正解 3

訳 A：理科のテストはいつ, ジム？　B：次の月曜日だよ, ママ。

選択肢の訳 1　速い, 速く　2　上手に　3　次の, 今度の　4　ひまな

解説 〈When＋be動詞＋主語?〉は「～はいつですか」という意味。
A（＝母親）は「理科のテストはいつ？」とたずねているので, B（＝
ジム）の答えとしては, **3の「次の, 今度の」**を入れれば,「次の月曜
日だよ」とテストの時期を答える文になって, 自然な会話になる。
momは「お母さん」という意味。家で自分の母親をさすときや, 呼び
かけのときは大文字で始めてMomと表すことが多い。Sunday「日曜日」,
Monday「月曜日」, Tuesday「火曜日」, Wednesday「水曜日」,
Thursday「木曜日」, Friday「金曜日」, Saturday「土曜日」という
曜日名をしっかり確認しておこう。

(5) **正解 4**

訳 4月は1年の4番目の月です。

選択肢の訳 1 1番目の，最初の 2 2番目の 3 3番目の 4 4番目の

解説 （ ）のある英文は，「4月は1年の（ ）の月です」という意味。4月は1年の4番目の月なので，**4の「4番目の」**が適切。序数(firstなど「第～番目(の)」という意味の語)と，月名の問題はよく出るので，きちんと覚えておくこと。月名では，June「6月」とJuly「7月」，March「3月」とMay「5月」に注意。序数は，first「第1の」，second「第2の」，third「第3の」，fifth「第5の」，eighth「第8の」，ninth「第9の」，eleventh「第11の」，twelfth「第12の」に特に注意する。

(6) **正解 2**

訳 ジュリーは美術が好きです。彼女は母親とよく美術館に行きます。

選択肢の訳 1 魚 2 美術館 3 果物 4 鉛筆

解説 （ ）のある英文は，「彼女は母親とよく（ ）に行きます」という意味。第1文で，「ジュリーは美術が好きです」と述べられているので，美術が好きな人がよく行く場所である**2「美術館」**を入れれば自然な文になる。oftenは，①一般動詞の前，②be動詞・助動詞のあとに置くのが基本。施設などを表す英語として，aquarium「水族館」，zoo「動物園」，library「図書館」，planetarium「プラネタリウム」，amusement park「遊園地」，stadium「競技場」，station「駅」，factory「工場」も覚えておこう。

(7) **正解 2**

訳 私の母は日本語と英語を話します。

選択肢の訳 1 住んでいる（3人称単数現在形） 2 話す（3人称単数現在形） 3 洗う（3人称単数現在形） 4 見える（3人称単数現在形）

解説 （　　）のある英文は，「私の母は日本語と英語を（　　）」という意味。「日本語と英語」は，言語の名前で，言語は話したり，読んだり，書いたりするものなので，**2「話す」**を入れれば，「日本語と英語を話します」となって，自然な文になる。言語を表す語として，French「フランス語」，German「ドイツ語」，Chinese「中国語」，Korean「韓国［朝鮮］語」，Spanish「スペイン語」，Portuguese「ポルトガル語」も覚えておこう。

(8)　正解　**3**

訳　フレッドはいつも朝食前にシャワーを浴びます。

選択肢の訳　**1**　読む（3人称単数現在形）　**2**　行く（3人称単数現在形）　**3**　（ある行動を）する（3人称単数現在形）　**4**　聞く（3人称単数現在形）

解説　熟語の問題。take a showerで「シャワーを浴びる」という意味を表す。takeにはいろいろな意味があるが，このtakeは，「（ある行動を）する，とる」の意味。take a walk「散歩する」，take a bath「入浴する」，take a rest「休憩する」も覚えておこう。before ～は「～の前に」。

(9)　正解　**2**

訳　A：歴史のノートを持ってる，マーク？　B：ううん，スコット。それは家にあるんだ。

選択肢の訳　**1**　～といっしょに　**2**　～で［に］　**3**　～の　**4**　～へ

解説　熟語の問題。at homeで「家で［に］」という意味を表す。atは，「（比較的狭い場所について）～に」の意味を表す前置詞。at school「学校で」，at the bus stop「バス停で」，at the station「駅で」も覚えておこう。

(10)　正解　**4**

訳　ジェイムズは毎日ジョギングに行きます。

選択肢の訳　**1**　掛け時計，置時計　**2**　手紙　**3**　腕時計　**4**　日

解説 熟語の問題。every day で「毎日」という意味を表す。every は「あらゆる，どの〜も」の意味。every Monday「毎週月曜日」，every week「毎週」，every month「毎月」，every year「毎年」も覚えておこう。①every のあとに来る名詞は単数形を使うことと，②every の前に on や in などの前置詞は置かないことに注意する。go jogging で「ジョギングに行く」。go swimming「泳ぎに行く」，go fishing「つりに行く」，go camping「キャンプに行く」，go shopping「買い物に行く」も覚えておこう。clock は「掛け時計，置時計」を表し，watch は「腕時計，懐中時計」などの携帯用の時計を表す。

(11) 正解 **3**

訳 A：サッカーの練習はどのくらいの長さなの，ジョン？ B：1時間だよ。

選択肢の訳 **1** 寒い，冷たい **2** 大きい **3** 長い **4** 元気な

解説 B は「1時間だよ」と「長さ」を答えているので，A は「サッカーの練習の長さ」をたずねたのだとわかる。「〜はどのくらいの長さですか」は〈How long ＋ be 動詞 ＋ 主語?〉で表すので，**3** が適切。How long 〜? のほかの〈How ＋ 形容詞［副詞］〜?〉の形の疑問文として，「年齢や，学校などが作られてからの年数」をたずねる How old 〜?，「値段や量」をたずねる How much 〜?，「身長や建物などの高さ」をたずねる How tall 〜? も確認しておこう。hour「1時間」は，発音が母音（ア，イ，ウ，エ，オに似た音）で始まる語なので，a ではなく an を使うことに注意。

(12) 正解 **1**

訳 A：エイミーは部屋で勉強しているの？ B：ううん，ベッドで眠っているよ。

選択肢の訳 **1** ベッド **2** ドア，扉 **3** テーブル **4** カップ

解説 A の文は〈be 動詞 ＋ 主語 ＋ 動詞の -ing 形〜?〉の形なので，「〜しているところですか」という現在進行形の疑問文。A に「エイミーは

部屋で勉強しているの?」とたずねられたBは,「ううん,(　　)で眠っているよ」と答えているので,眠るときに使う家具である**1**の「ベッド」を入れれば「ベッドで眠っているよ」となって,自然な会話になる。

(13) 正解 **1**

訳 ビルはスポーツが好きです。彼はとても速く泳ぐことができます。

選択肢の訳 **1** 泳ぐ(もとの形) **2** 泳ぐ(3人称単数現在形) **3** 泳いだ(過去形) **4** 泳ぐ(-ing形)

解説 〈can+動詞のもとの形〉で「~することができる」。「動詞のもとの形」とは,「sやingなどの付かない形」のこと。canのあとには「動詞のもとの形」が来るので,**1**が適切。**4**のswimmingのように,swimの-ing形は,mを重ねてingをつけることに注意。run→running,cut→cutting, put→puttingなども確認しておこう。

(14) 正解 **4**

訳 A:あなたは野球が好きなの,マイク? B:うん,カレン。でも兄[弟]は(野球が)好きじゃないんだ。

選択肢の訳 **1** is notの短縮形 **2** do notの短縮形 **3** are notの短縮形 **4** does notの短縮形

解説 A(=カレン)に「あなたは野球が好きなの?」とたずねられたB(=マイク)は,「うん(好きだよ)」と言ったあとに,but「でも」に続けて「兄[弟]は(　　)」と述べているので,(　　)のある英文は,「でも兄[弟]は(野球が)好きじゃないんだ」の意味。(　　)のある英文の主語(my brother)は3人称単数で,like「好きだ」は一般動詞なので,否定文は〈does not[doesn't]+動詞のもとの形〉の形。したがって,does notの短縮形の**4**が適切。

(15) 正解 **3**

訳 私には2人の姉[妹]がいます。私は彼女たちが大好きです。

選択肢の訳 **1** 私を[に] **2** あなたは[が],あなたを[に] **3** 彼らを[に]／彼女らを[に]／それらを[に] **4** 彼女は[が]

129

解説 代名詞を選ぶ問題。like 〜 very much で「〜が大好きだ」。空所のある英文は「私は（　）が大好きです」という意味。第1文で「私には2人の姉［妹］がいます」と述べているので，（　）の指す内容は，第1文の「2人の姉［妹］」のこと。一般動詞 like に続くので，動詞のあとに続く場合に使う形（目的格）の**3**を入れれば，「私は彼女たちが好きです」となって自然な文になる。目的格の代名詞は「〜を［に］」という日本語になる場合が多いが，like に続く場合のように，必ず「〜を［に］」という日本語になるとは限らないことに注意する。

2	**筆記** (問題編pp.119〜120)

(16) 正解 **2**

訳 女の子：これはあなたの帽子なの，ハリー？　男の子：うん，それはぼくのだよ。ありがとう。

選択肢の訳 **1** ううん，（ぼくは）ちがうよ。　**2** うん，それはぼくのだよ。　**3** うん，（ぼくは）できるよ。　**4** いいえ，（君は）しないよ。

解説 女の子は男の子（＝ハリー）に，「これはあなたの帽子なの？」とたずねているので，男の子の答えとしては，「うん」と言ったあと，「それはぼくのだよ」と，帽子が自分のものであることを述べている**2**が適切。mine は「私のもの」の意味。I-my-me-mine と活用する。hat は「（縁のある）帽子」のことで，「（縁のない）帽子」は cap。

(17) 正解 **1**

訳 母親：あなたの美術クラブには何人の生徒がいるの？　女の子：ごめん，わからないわ。

選択肢の訳 **1** わからないわ。　**2** 大丈夫よ。　**3** それが好きよ。　**4** それは美しいわ。

解説 〈How many ＋名詞の複数形〜?〉は，「いくつの［何人の］…が

〜ですか」と「数」をたずねる表現。母親は「美術クラブには何人の生徒がいるの？」と「部員数」をたずねているので，女の子は「部員数」を答えたと考える。しかし，本問では，選択肢に「数」を答えているものが無いので，内容から考える。空所の直前で，女の子は「ごめん」と言っているので，1を入れれば「ごめん，（部員数は）わからないわ」となり，自然な会話になる。

(18) 正解 4

訳 男の子：君はいつ英語を勉強するの？ 女の子：学校に行く前よ。

選択肢の訳 1 友達とよ。 2 2時間よ。 3 バスでよ。 4 学校に行く前よ。

解説 〈When do[does]＋主語＋動詞のもとの形〜?〉は，「…はいつ〜しますか」と，「時」をたずねる表現。男の子は「君はいつ英語を勉強するの？」と「時」をたずねているので，女の子の答えとしては「学校に行く前よ」と具体的に「時」を答えている4が適切。1のwith〜「〜といっしょに」，2のfor〜「〜間（期間）」，3のby〜「〜で（交通手段）」，4のbefore〜「〜の前に」という前置詞の使い方を確認しておこう。

(19) 正解 3

訳 男の子：さあ，学校に行ってくるよ，ママ。 母親：またね，テツ。行ってらっしゃい。

選択肢の訳 1 ご飯を食べて。 2 それはここじゃないよ。 3 楽しい時間を[行ってらっしゃい]。 4 それはあなたのためだよ。

解説 男の子は「さあ，学校に行ってくるよ」と言っているので，通学のため家を出発する場面だとわかる。したがって，「またね，テツ」に続く，母親の返答としては3の「行ってらっしゃい」が適切。have a good[nice] timeは，親しい間柄でのあいさつで「楽しい時間を」「行ってらっしゃい」という意味。See you.は「またね」「さようなら」の意味の別れのあいさつ。

(20) **正解　2**

訳　女の子：私の新しいTシャツを気に入ってる，スティーブ？　男の子：うん，かわいいね。

選択肢の訳　**1**　ぼくはよくそこに行くんだ。　**2**　かわいいね。
3　ここにいるよ。　**4**　店のそばだよ。

解説　女の子に「私の新しいTシャツを気に入ってる？」とたずねられた男の子（＝スティーブ）は，空所の前で「うん（気に入っているよ）」と述べているので，女の子のTシャツが気に入っていることがわかる。したがって，「うん」に続く返答としては，Tシャツをほめる言葉である**2**「かわいいね」が適切。衣服に関する語として，shirt「シャツ」，sweater「セーター」，pants「ズボン」，shorts「半ズボン」，dress「ドレス」，skirt「スカート」，coat「コート」，jacket「上着，ジャケット」，uniform「制服」も覚えておこう。

3　筆記 （問題編pp.121〜122）

---

(21) **正解　4**

正しい語順　What time do you go ②③④①

解説　「…は何時に〜しますか」は，〈What time do[does]＋主語＋動詞のもとの形〜？〉の語順にする。「家に帰る」はgo homeで表す。このhomeは「家」という名詞ではなく，「家へ」という副詞なのでtoは不要。「放課後」は，「学校のあと」と考えて，after schoolで表す。

---

(22) **正解　2**

正しい語順　do our homework in ④②①③

解説　「〜しましょう」と提案するときは，〈Let's＋動詞のもとの形〜〉の語順で表す。「宿題をやる」は，〈do＋所有格＋homework〉の形。let'sは「（私たちはいっしょに）〜しましょう」の意味なので，所有格

はour「私たちの」を使う。「～（の中）で」はin ～で表すので,「居間で」はin the living room。

(23) 正解 **1**

正しい語順 Our homeroom teacher is ①④③②

解説 「AはBです」は〈A（主語）＋am[are / is]＋B〉の語順にする。A（主語）の「私たちの担任（の先生）」は, weの所有格our「私たちの」を使い, our homeroom teacherで表す。主語が3人称単数なので, be動詞は語群のisを使う。最後に, 印刷されているB＝「遠藤先生」Mr. Endoにつなげる。

(24) 正解 **1**

正しい語順 and Tom are good ④②③①

解説 本問も「AはBです」なので,〈A（主語）＋am[are / is]＋B〉の語順にする。A（主語）の「ビルとトム」は, andを使い, Bill and Tomで表す。主語（Bill and Tom）は複数なので, be動詞は語群のareを使う。「仲よしです」は, 語群のgood「よい」と, 印刷されているfriends「友達」から,「よい友達です」と考え, good friendsで表す。

(25) 正解 **3**

正しい語順 gets up at seven ②①④③

解説 一般動詞の英文は,〈主語（～は）＋動詞（～する）＋目的語（～を[に]）＋場所や時や様子を表す語句.〉の語順が基本。したがって, まず, 主語Janeの次に,「起きる」gets upを置く。主語が3人称単数なので, getにsがついていることに注意。本問では,「目的語」（～を[に]）はないので, 最後に,「場所や時や様子を表す語句」である「毎朝7時に」を続ける。「～時に」は〈at＋時刻〉で表し, 印刷されているevery morning「毎朝」につなげる。

第1部　リスニング　(問題編pp.123〜124)

〔例題〕　Is this your bag?

1　Sure, I can.　**2**　On the chair.　**3**　Yes, it is.　〔正解〕**3**

訳　これはあなたのかばんですか。

選択肢の訳　**1**　もちろん，できます。　**2**　いすの上に。　**3**　はい，そうです。

No.1　正解　**3**

放送文　Hi, Beth. How's your mother?

　　1　Me, too.

　　2　You're welcome.

　　3　Good, thanks.

訳　やあ，ベス。お母さんは元気？

選択肢の訳　**1**　私もだよ。　**2**　どういたしまして。　**3**　元気だよ，ありがとう。

解説　How's は How is の短縮形。〈How ＋ be動詞＋主語?〉は，「〜は，どのようですか」と様子などをたずねる表現。男性は女性に「お母さんは元気？」とたずねているので，女性の返答としては，母親の様子を答えている**3**が適切。**1**の Me, too.「私も」は，前の人の発言に同意するときに使う表現。ただ，前の人の発言が肯定文（「〜です」「〜します」の文）のときにだけ使い，前の人の発言が否定文（「〜ではありません」「〜しません」の文）のときは使えないことに注意。**2**の You're welcome. はお礼を言われたときの決まり文句。ほかに，My pleasure.「どういたしまして」，No problem.「何でもありませんよ［どういたしまして］」なども覚えておこう。**3**の Thanks.「ありがとう」は，Thank you. よりくだけた表現。

> **放送文** I'm from Japan. How about you?
>
> 　　**1**　I'm from Australia.
>
> 　　**2**　It's in June.
>
> 　　**3**　No, it isn't.

訳 私は日本の出身です。あなたは（どうですか）？

選択肢の訳 **1**　私はオーストラリアの出身です。　**2**　６月です。

3　いいえ，ちがいます。

解説 How about 〜?は，「〜はどうですか」と，相手の意見を求めたり，「〜（して）はどうですか」と相手を誘ったりする表現。What about 〜?とも言う。女性は「私は日本の出身です」と述べたあと,「あなたはどうですか？」とたずねているので，男性の返答としては自分の出身を述べている**1**が適切。国名の英語として，Brazil「ブラジル」,Canada「カナダ」,China「中国」,France「フランス」,Germany「ドイツ」,Italy「イタリア」,Korea「韓国」,Russia「ロシア」,the U.K.「イギリス」,the U.S.A.「アメリカ合衆国」も覚えておこう。

No.3 　正解　**3**

> **放送文** What time does the music show start?
>
> 　　**1**　At home.
>
> 　　**2**　It's four dollars.
>
> 　　**3**　At nine.

訳 音楽ショーは何時に始まるの？

選択肢の訳 **1**　家でだよ。　**2**　４ドルだよ。　**3**　９時だよ。

解説 〈What time do[does] ＋主語＋動詞のもとの形〜?〉で「…は何時に〜しますか」という意味。女性は「音楽ショーは何時に始まるの？」とたずねているので，男性の返答としては「開始時刻」を具体的に答えている**3**が適切。**2**のdollar「ドル」はアメリカなどの通貨単位。dollarの複数形はdollarsだが，日本の通貨単位のyen「円」の複数形はyenであることに注意。

No.4 正解 **2**

放送文 Do you like English, Takeshi?

   1 Me, too.

   2 Of course.

   3 It's mine.

訳 英語は好き，タケシ？

選択肢の訳 **1** ぼくも。　**2** もちろん。　**3** それはぼくのものだよ。

解説 〈Do you＋動詞のもとの形〜？〉は「あなたは〜しますか」という一般動詞の疑問文。Do you 〜？と聞かれたら，Yes, I do. または No, I do not[don't]. で答えるのが基本だが，選択肢の中で，yes / no や do を使っているものはないので，内容から考える。女性は「あなたは英語が好き？」とたずねているので，男性の返答としては **2「もちろん」** を選べば，「もちろん（好きだよ）」となって自然な会話になる。

No.5 正解 **1**

放送文 What do you do on weekends?

   1 I play badminton.

   2 At one o'clock.

   3 That's right.

訳 週末は何をするの？

選択肢の訳 **1** バドミントンをするよ。　**2** 1時だよ。　**3** そのとおり。

解説 〈What do[does]＋主語＋動詞のもとの形〜？〉は「…は何を〜しますか」の意味。What do you do 〜？の，最初の do は疑問文を作るときに使う do。2番めの do は「〜する」という一般動詞。on weekends は「(毎) 週末に」。男の子は「週末は何をするの？」とたずねているので，女の子の返答としては，週末にすることを具体的に答えている **1** が適切。**2** の o'clock は，〈at＋数字＋o'clock〉の形で「〜時に」と，「1時」，「6時」などのちょうどの時刻を表す表現。o'clock は省略してもよい。

136

No.6 正解 **1**

放送文 　When do you have your piano lessons?

　　1　On Saturdays.

　　2　Black and white.

　　3　That's my teacher.

訳 　いつピアノのレッスンがあるの？

選択肢の訳 　**1**　（<ruby>毎<rt>まい</rt></ruby><ruby>週<rt>しゅう</rt></ruby>）<ruby>土<rt>ど</rt></ruby><ruby>曜<rt>よう</rt></ruby><ruby>日<rt>び</rt></ruby>だよ。　**2**　<ruby>黒<rt>くろ</rt></ruby>と<ruby>白<rt>しろ</rt></ruby>だよ。　**3**　あちらが<ruby>私<rt>わたし</rt></ruby>の<ruby>先<rt>せん</rt></ruby><ruby>生<rt>せい</rt></ruby>だよ。

解説 　〈When do[does]＋<ruby>主<rt>しゅ</rt></ruby><ruby>語<rt>ご</rt></ruby>＋<ruby>動<rt>どう</rt></ruby><ruby>詞<rt>し</rt></ruby>のもとの<ruby>形<rt>かたち</rt></ruby>〜?〉は，「…はいつ〜しますか」と，「<ruby>時<rt>とき</rt></ruby>」をたずねる<ruby>表<rt>ひょう</rt></ruby><ruby>現<rt>げん</rt></ruby>。<ruby>男<rt>おとこ</rt></ruby>の<ruby>子<rt>こ</rt></ruby>は<ruby>女<rt>おんな</rt></ruby>の<ruby>子<rt>こ</rt></ruby>に「いつピアノのレッスンがあるの?」とたずねているから，<ruby>女<rt>おんな</rt></ruby>の<ruby>子<rt>こ</rt></ruby>の<ruby>返<rt>へん</rt></ruby><ruby>答<rt>とう</rt></ruby>としては「（<ruby>毎<rt>まい</rt></ruby><ruby>週<rt>しゅう</rt></ruby>）<ruby>土<rt>ど</rt></ruby><ruby>曜<rt>よう</rt></ruby><ruby>日<rt>び</rt></ruby>だよ」と，レッスン<ruby>日<rt>び</rt></ruby>を<ruby>具<rt>ぐ</rt></ruby><ruby>体<rt>たい</rt></ruby><ruby>的<rt>てき</rt></ruby>に<ruby>答<rt>こた</rt></ruby>えている**1**が<ruby>適<rt>てき</rt></ruby><ruby>切<rt>せつ</rt></ruby>。on Saturdaysのような〈on＋<ruby>曜<rt>よう</rt></ruby><ruby>日<rt>び</rt></ruby><ruby>名<rt>めい</rt></ruby>の<ruby>複<rt>ふく</rt></ruby><ruby>数<rt>すう</rt></ruby><ruby>形<rt>けい</rt></ruby>〉は「（<ruby>毎<rt>まい</rt></ruby><ruby>週<rt>しゅう</rt></ruby>）〜<ruby>曜<rt>よう</rt></ruby><ruby>日<rt>び</rt></ruby>に」の<ruby>意<rt>い</rt></ruby><ruby>味<rt>み</rt></ruby>で，〈on＋<ruby>曜<rt>よう</rt></ruby><ruby>日<rt>び</rt></ruby><ruby>名<rt>めい</rt></ruby>の<ruby>単<rt>たん</rt></ruby><ruby>数<rt>すう</rt></ruby><ruby>形<rt>けい</rt></ruby>〉より，<ruby>習<rt>しゅう</rt></ruby><ruby>慣<rt>かん</rt></ruby>の<ruby>意<rt>い</rt></ruby><ruby>味<rt>み</rt></ruby>が<ruby>強<rt>つよ</rt></ruby>い<ruby>表<rt>ひょう</rt></ruby><ruby>現<rt>げん</rt></ruby>。<ruby>楽<rt>がっ</rt></ruby><ruby>器<rt>き</rt></ruby>を<ruby>表<rt>あらわ</rt></ruby>す<ruby>英<rt>えい</rt></ruby><ruby>語<rt>ご</rt></ruby>として，guitar「ギター」，violin「バイオリン」，flute「フルート」，trumpet「トランペット」，drums「ドラム」なども<ruby>覚<rt>おぼ</rt></ruby>えておこう。

No.7 正解 **1**

放送文 　Are these books yours, Grandpa?

　　1　Yes, they are.

　　2　Sure, I can.

　　3　Every day.

訳 　これらの<ruby>本<rt>ほん</rt></ruby>はあなたのものなの，おじいちゃん？

選択肢の訳 　**1**　うん，そうだよ。　**2**　もちろん，できるよ。　**3**　<ruby>毎<rt>まい</rt></ruby><ruby>日<rt>にち</rt></ruby>だよ。

解説 　〈Are these＋<ruby>名<rt>めい</rt></ruby><ruby>詞<rt>し</rt></ruby>の<ruby>複<rt>ふく</rt></ruby><ruby>数<rt>すう</rt></ruby><ruby>形<rt>けい</rt></ruby>〜?〉「これらの…は〜ですか」に<ruby>対<rt>たい</rt></ruby>しては，areを<ruby>使<rt>つか</rt></ruby>って，Yes, they are. / No, they are not.[aren't]. で<ruby>答<rt>こた</rt></ruby>えるのが<ruby>基<rt>き</rt></ruby><ruby>本<rt>ほん</rt></ruby>。areを<ruby>使<rt>つか</rt></ruby>って<ruby>答<rt>こた</rt></ruby>えている**1**が<ruby>正<rt>せい</rt></ruby><ruby>解<rt>かい</rt></ruby>。

No.8 正解 **2**

Does your sister play table tennis?

    1 No, I'm not.

    2 No, she doesn't.

    3 No, it isn't.

訳 君のお姉［妹］さんは卓球をするの？

選択肢の訳 **1** いいえ，（私は）ちがうよ。   **2** いいえ，しないよ。

3 いいえ，（それは）ちがうよ。

解説 Does 〜?と聞かれたら，Yes, ... does. または No, ... does not[doesn't]. で答えるのが基本。したがって，doesn'tを使って答えている**2**が正解。スポーツを表す英語として，baseball「野球」，tennis「テニス」，soccer「サッカー」，badminton「バドミントン」，rugby「ラグビー」，volleyball「バレーボール」，softball「ソフトボール」，basketball「バスケットボール」，track and field「陸上競技」なども覚えておこう。

No.9 正解 **3**

Where is our teacher?

    1 This is my textbook.

    2 I like math.

    3 He's in the teachers' room.

訳 私たちの先生はどこにいるの？

選択肢の訳 **1** これはぼくの教科書だよ。   **2** ぼくは数学が好きだよ。

3 職員室にいるよ。

解説 〈Where ＋ be動詞＋主語?〉は「〜はどこにいますか［ありますか］」。女の子は「私たちの先生はどこにいるの？」とたずねているので，先生の居場所を具体的に答えている**3**が適切。he'sはhe isの短縮形。be動詞には，「〜です」の意味のほか，本問のように「〜にいます［あります］」という意味があることも確認しておこう。teachers' room「先生たちの部屋」→「職員室」のteachers'「先生たちの」のように，

-sで終わる名詞には，〈's〉としないで〈'〉だけをつけることも覚えておこう。

No.10 正解 **2**

放送文 I want a new pencil case.

1 Thank you.

2 I do, too.

3 In my bag.

訳 私は新しい筆箱がほしいんだ。

選択肢の訳 **1** ありがとう。 **2** ぼくも。 **3** かばんの中だよ。

解説 女の子は「私は新しい筆箱がほしいんだ」と述べているので，**2**を選べば「ぼくも（新しい筆箱がほしいんだ）」となって自然な会話になる。**2**のdoは「～する」という一般動詞で，ここではwantの代わりに使われていることに注意。

第2部 リスニング （問題編pp.125）

No.11 正解 **4**

放送文 *A:* How much are these boots?

B: They are eighty dollars.

Question: How much are the boots?

訳 A：これらのブーツはいくらですか。 B：80ドルです。

質問の訳 そのブーツはいくらですか。

選択肢の訳 **1** 8ドル。 **2** 18ドル。 **3** 28ドル。 **4** 80ドル。

解説 リスニング第2部では，対話が流れる前に選択肢にざっと目を通して，「何が問われるのか」を予測し，どこに注意して聞くかを考えておこう。例えば，No.11の選択肢はすべて，「～ドル」という形なので，How much「いくら」の質問を予測し，値段に関する表現に注意して聞く。質問文の〈How much＋be動詞＋主語?〉は「～はいくらですか」

と値段をたずねる表現。B（＝女性店員）は，「80ドルです」と述べているので，**4**が正解。boots「ブーツ，長靴」のほか，shoes「くつ」，gloves「手袋」，glasses「メガネ」，scissors「ハサミ」，socks「靴下」のように，「2つの部分からなるもの」は複数形で表すのが基本であることにも注意。

No.12　正解　**2**

放送文　*A:* Are you writing an e-mail, Sara?

　　　B: No. I'm reading an e-mail from a friend.

　　　Question: What is Sara doing?

訳　A：メールを書いているの，サラ？　B：ううん。友達からのメールを読んでいるの。

質問の訳　サラは何をしていますか。

選択肢の訳　**1**　メールを書いている。　**2**　メールを読んでいる。
3　本を書いている。　**4**　本を読んでいる。

解説　選択肢の意味はすべて，「メール［本］を書いている［読んでいる］」で，違いは「メールか本か」と「書いているのか読んでいるのか」。したがって，現在進行形でWhat 〜?の質問を予測し，「何をどうしているのか」に注意して聞く。質問文の〈What＋be動詞＋主語＋動詞の-ing形?〉は「〜は何を…していますか」。doingは「〜する」という一般動詞の-ing形。B（＝サラ）は，「友達からのメールを読んでいるの」と述べているので，**2**が正解。この問題のように，Noで否定したあとに正しい答えが続くことが多いので，Noで答えたあとに述べられる内容には特に注意して聞く。

No.13　正解　**1**

放送文　*A:* Hi, I'm Tim. Is Jenny at home?

　　　B: Sorry, she's at the park.

　　　Question: Where is Jenny?

訳　A：こんにちは，ティムです。ジェニーはいらっしゃいますか。
B：ごめんなさい，彼女は公園にいるの。

質問の訳 ジェニーはどこにいますか。

選択肢の訳 **1** 公園に。 **2** 家に。 **3** ティムの家に。 **4** 学校に。

解説 選択肢はすべて〈At＋<ruby>場所<rt>ばしょ</rt></ruby>〉「～に」で，<ruby>違<rt>ちが</rt></ruby>いは「<ruby>場所<rt>ばしょ</rt></ruby>がどこか」。したがって，Where ～?の質問を<ruby>予測<rt>よそく</rt></ruby>し，「<ruby>場所<rt>ばしょ</rt></ruby>」に<ruby>注意<rt>ちゅうい</rt></ruby>して<ruby>聞<rt>き</rt></ruby>く。<ruby>質<rt>しつ</rt></ruby><ruby>問文<rt>もんぶん</rt></ruby>の〈Where＋be<ruby>動詞<rt>どうし</rt></ruby>＋<ruby>主語<rt>しゅご</rt></ruby>?〉は「～はどこにいますか［ありますか］」と<ruby>場所<rt>ばしょ</rt></ruby>をたずねる<ruby>表現<rt>ひょうげん</rt></ruby>。Bは「<ruby>彼女<rt>かのじょ</rt></ruby>（＝ジェニー）は<ruby>公園<rt>こうえん</rt></ruby>にいるの」と<ruby>述<rt>の</rt></ruby>べているので，**1**が<ruby>正解<rt>せいかい</rt></ruby>。

No.14 正解 **1**

放送文 *A:* I have a pet cat.

B: Great. I have a fish and a bird.

Question: What does the girl have?

訳 A：<ruby>私<rt>わたし</rt></ruby>はペットのネコを1<ruby>匹<rt>ぴき</rt></ruby><ruby>飼<rt>か</rt></ruby>っているんだ。 B：ぼくは<ruby>魚<rt>さかな</rt></ruby>1<ruby>匹<rt>ぴき</rt></ruby>と<ruby>鳥<rt>とり</rt></ruby>を1<ruby>羽<rt>わ</rt></ruby><ruby>飼<rt>か</rt></ruby>っているよ。

質問の訳 <ruby>女<rt>おんな</rt></ruby>の<ruby>子<rt>こ</rt></ruby>は<ruby>何<rt>なに</rt></ruby>を<ruby>飼<rt>か</rt></ruby>っていますか。

選択肢の訳 **1** ネコ。 **2** イヌ。 **3** <ruby>魚<rt>さかな</rt></ruby>。 **4** <ruby>鳥<rt>とり</rt></ruby>。

解説 選択肢はすべて<ruby>動物名<rt>どうぶつめい</rt></ruby>なので，What ～?の質問を<ruby>予測<rt>よそく</rt></ruby>し，「<ruby>動物<rt>どうぶつ</rt></ruby><ruby>名<rt>めい</rt></ruby>」に<ruby>注意<rt>ちゅうい</rt></ruby>して<ruby>聞<rt>き</rt></ruby>く。<ruby>質問文<rt>しつもんぶん</rt></ruby>の〈What do[does]＋<ruby>主語<rt>しゅご</rt></ruby>＋<ruby>動詞<rt>どうし</rt></ruby>のもとの<ruby>形<rt>かたち</rt></ruby>～?〉は「…は<ruby>何<rt>なに</rt></ruby>を～しますか」。A（＝<ruby>女<rt>おんな</rt></ruby>の<ruby>子<rt>こ</rt></ruby>）は，「<ruby>私<rt>わたし</rt></ruby>はペットのネコを1<ruby>匹<rt>ぴき</rt></ruby><ruby>飼<rt>か</rt></ruby>っているんだ」と<ruby>述<rt>の</rt></ruby>べているので，**1**が<ruby>正解<rt>せいかい</rt></ruby>。

No.15 正解 **4**

放送文 *A:* When do you eat dinner?

B: I usually eat dinner at 7:20.

Question: When does the boy usually eat dinner?

訳 A：<ruby>何時<rt>なんじ</rt></ruby>に<ruby>夕飯<rt>ゆうはん</rt></ruby>を<ruby>食<rt>た</rt></ruby>べるの？ B：ぼくはふつう，7<ruby>時<rt>じ</rt></ruby>20<ruby>分<rt>ぷん</rt></ruby>に<ruby>夕<rt>ゆう</rt></ruby><ruby>飯<rt>はん</rt></ruby>を<ruby>食<rt>た</rt></ruby>べるよ。

質問の訳 <ruby>男<rt>おとこ</rt></ruby>の<ruby>子<rt>こ</rt></ruby>はふつう，いつ<ruby>夕飯<rt>ゆうはん</rt></ruby>を<ruby>食<rt>た</rt></ruby>べますか。

選択肢の訳 **1** 6<ruby>時<rt>じ</rt></ruby>に。 **2** 6<ruby>時<rt>じ</rt></ruby>20<ruby>分<rt>ぷん</rt></ruby>に。 **3** 7<ruby>時<rt>じ</rt></ruby>に。 **4** 7<ruby>時<rt>じ</rt></ruby>20<ruby>分<rt>ぷん</rt></ruby>に。

解説 選択肢はすべて〈At＋<ruby>時刻<rt>じこく</rt></ruby>〉「～<ruby>時<rt>じ</rt></ruby>に」の<ruby>形<rt>かたち</rt></ruby>なので，What time

〜？や When 〜？の質問を予測し、「時刻」に注意して聞く。質問文の〈When do[does] ＋主語＋動詞のもとの形〜？〉は「…はいつ〜しますか」。B（＝男の子）は、「ぼくはふつう、7時20分に夕飯を食べるよ」と述べているので、**4**が正解。

第3部 リスニング（問題編pp.126〜127） CD 青-74 〜 CD 青-84

No.16 正解 **1**

放送文
1 The mouse is in the shoe.
2 The mouse is by the shoe.
3 The mouse is under the shoe.

訳 **1** ネズミは靴の中にいます。 **2** ネズミは靴のそばにいます。 **3** ネズミは靴の下にいます。

解説 第3部の問題で放送される3つの英文は共通部分が多く、一部の語句だけが異なっている。異なっている部分が解答のポイントとなるから、そこに注意して聞く。本問の英文はどれも〈The mouse is ＋前置詞＋ the shoe.〉という形の文だから、「ネズミは靴の〜にいます」の意味。異なるのは「ネズミと靴の位置関係」。イラストでは、靴の中にいるネズミが描かれているから、**1**が正解。位置を表す前置詞（句）として、on 〜「（表面に接して）〜の上に」、near 〜「〜の近くに」、along 〜「〜に沿って」、in front of 〜「〜の前に」も覚えておこう。**2**の by「〜のそばに」は、near よりもっと近い位置関係を表す。mouse「ネズミ、ハツカネズミ」は、rat「（ドブ）ネズミ」より小さいネズミを表す。

No.17 正解 **2**

放送文
1 Mary goes to work at 6:14.
2 Mary goes to work at 6:40.
3 Mary goes to work at 6:44.

訳 **1** メアリーは6時14分に仕事に行きます。 **2** メアリーは6

時40分に仕事に行きます。　**3**　メアリーは6時44分に仕事に行きます。

解説　イラストから，時刻に注意して聞く。本問の英文はどれも〈Mary goes to work at＋時刻.〉の形だから，「メアリーは6時〜分に仕事に行きます」の意味。異なるのは「メアリーが仕事に行く時刻」。イラストでは，出かけようとしている女性とともに，6時40分を示す時計が描かれているから，**2**が正解。本問のfourteen「14」とforty「40」のように，似た発音の数字も多いので，発音だけでなくアクセントにも注意する。-teenがついている数字は-teenの部分を，-tyがついている数字は前の部分を強く読むのが基本。

No.18　正解　**1**

放送文　**1**　The bird is on Lisa's finger.
　　　　2　The bird is on Lisa's foot.
　　　　3　The bird is on Lisa's shoulder.

訳　**1**　その鳥はリサの指の上にいます。　**2**　その鳥はリサの足の上にいます。　**3**　その鳥はリサの肩の上にいます。

解説　本問の英文はどれも〈The bird is on Lisa's＋体の部位.〉の形だから，「その鳥はリサの〜の上にいます」の意味。異なるのは「鳥がいる位置」。イラストでは，女の子の指の上にいる鳥が描かれているから，**1**が正解。footは「足」（「くるぶし以下の部分」），legは「脚」（太ももからくるぶしまでの部分）。体の部位を表す英語として，head「頭」，face「顔」，eye「目」，nose「鼻」，mouth「口」，neck「首」，elbow「ひじ」，arm「腕」，back「背中」，knee「ひざ」，ankle「足首」も覚えておこう。

No.19　正解　**3**

放送文　**1**　The tennis racket is \$102.
　　　　2　The tennis racket is \$112.
　　　　3　The tennis racket is \$120.

訳　**1**　そのテニスラケットは102ドルです。　**2**　そのテニスラケットは112ドルです。　**3**　そのテニスラケットは120ドルです。

解説 イラストから，値段に注意して聞く。本問の英文はどれも〈The tennis racket is \$ ～.〉の形だから，「そのテニスラケットは～ドルです」の意味。異なるのは「ラケットの値段」。イラストでは，120ドルの値札の付いたラケットが描かれているから，**3**が正解。

No.20 正解 **1**

放送文 **1** Melissa is painting a picture.

2 Melissa is taking a picture.

3 Melissa is writing a letter.

訳 **1** メリッサは絵を描いています。 **2** メリッサは写真を撮っています。 **3** メリッサは手紙を書いています。

解説 本問の英文はどれも〈Melissa is ＋動詞の -ing形～.〉の形だから，「メリッサは～しています」という現在進行形の文。異なるのは「メリッサがしていること」。イラストでは，絵の具で絵を描いている女の子が描かれているから，**1**が正解。drawは「（鉛筆やペンで）線画を描く」，paintは「（絵の具で）描く」の意味。**2**のtake a pictureは「写真を撮る」の意味。

No.21 正解 **2**

放送文 **1** Becky is looking at her computer.

2 Becky is talking on the phone.

3 Becky is using the washing machine.

訳 **1** ベッキーは彼女のコンピューターを見ています。 **2** ベッキーは電話で話しています。 **3** ベッキーは洗濯機を使っています。

解説 本問の英文はどれも〈Becky is ＋動詞の -ing形～.〉の形だから，「ベッキーは～しています」という現在進行形の文。異なるのは「ベッキーがしていること」。イラストでは，電話で話している女の子が描かれているから，**2**が正解。家電製品の英語として，refrigerator「冷蔵庫」，microwave「電子レンジ」，vacuum cleaner「掃除機」，rice cooker「炊飯器」，air conditioner「クーラー，エアコン」，heater「ストーブ」も覚えておこう。

No.22 正解 1

放送文　**1**　Fumio is making a cake.

　　　　2　Fumio is cutting a cake.

　　　　3　Fumio is eating a cake.

訳　**1**　フミオはケーキを作っています。　**2**　フミオはケーキを切っ
ています。　**3**　フミオはケーキを食べています。

解説　本問の英文はどれも〈Fumio is＋動詞の-ing形＋a cake.〉の
形だから,「フミオはケーキを〜しています」という現在進行形の文。
異なるのは「フミオがしていること」。イラストでは,ケーキを作って
いる男の子が描かれているから,**1**が正解。お菓子を表す語として,
doughnut「ドーナッツ」, pancake「パンケーキ」, cookie「クッ
キー」, ice cream「アイスクリーム」, chocolate「チョコレート」,
pudding「プリン」も覚えておこう。「切り分けていない,まるごとのケー
キ1つ」は,本問のようにa cakeで表し,「切り分けられたケーキ1つ」
は,a piece of cakeで表すのが基本。

No.23 正解 3

放送文　**1**　Lucy is going to bed.

　　　　2　Lucy is using a camera.

　　　　3　Lucy is brushing her hair.

訳　**1**　ルーシーは寝るところです。　**2**　ルーシーはカメラを使って
いるところです。　**3**　ルーシーは髪にブラシをかけているところです。

解説　本問の英文はどれも〈Lucy is＋動詞の-ing形〜.〉の形だから,
「ルーシーは〜しているところです」という現在進行形の文。異なるの
は「ルーシーがしていること」。イラストでは,髪にブラシをかけてい
る女の子が描かれているから,**3**が正解。brushは, brush my teeth
「歯をみがく」のようにも使うことも覚えておこう。**1**のgo to bedは
「(眠っているかどうかに関係なく)床につく」ことを意味する熟語。
sleep「眠る(＝眠っている状態)」としっかり区別すること。

No.24　正解　3

放送文　**1**　Mary has a new watch.

　　　2　Mary has a new umbrella.

　　　3　Mary has a new doll.

訳　**1**　メアリーは新しい腕時計を持っています。　**2**　メアリーは新しい傘を持っています。　**3**　メアリーは新しい人形を持っています。

解説　本問の英文はどれも，Mary has a new ～.の形だから，「メアリーは新しい～を持っています」という文。異なるのは「メアリーが持っているもの」。イラストでは，人形を持っている女の子が描かれているから，**3**が正解。new「新しい」の反対はold「古い」であることと，hasはhaveの3人称単数現在形であることも確認しておこう。

No.25　正解　2

放送文　**1**　Tom is a basketball player.

　　　2　Tom is a scientist.

　　　3　Tom is a pilot.

訳　**1**　トムはバスケットボール選手です。　**2**　トムは科学者です。**3**　トムはパイロットです。

解説　本問の英文はどれも，Tom is a ～.の形だから，「トムは～です」という文。異なるのは「トムの職業」。イラストでは，白衣を着て試験管を観察する男性が描かれているから，**2**が正解。職業を表す英語として，nurse「看護師」，astronaut「宇宙飛行士」，musician「音楽家」，office worker「会社員」，vet「獣医」，engineer「技師」，writer「作家」，teacher「教師」，carpenter「大工」，farmer「農場経営者，農場主」，actor「俳優」，singer「歌手」，cook「コック」も覚えておこう。

英検®5級　解答用紙

【注意事項】

①解答にはHBの黒鉛筆（シャープペンシルも可）
　を使用し、解答を訂正する場合には消しゴムで
　完全に消してください。

②解答用紙は絶対に汚したり折り曲げたり、所定
　以外のところへの記入はしないでください。

マーク例

良い例	悪い例
●	◔ ✕ ◖

 これ以下の濃さのマークは
読めません。

解　答　欄				
問題番号	1	2	3	4
1	(1)	① ② ③ ④
	(2)	① ② ③ ④
	(3)	① ② ③ ④
	(4)	① ② ③ ④
	(5)	① ② ③ ④
	(6)	① ② ③ ④
	(7)	① ② ③ ④
	(8)	① ② ③ ④
	(9)	① ② ③ ④
	(10)	① ② ③ ④
	(11)	① ② ③ ④
	(12)	① ② ③ ④
	(13)	① ② ③ ④
	(14)	① ② ③ ④
	(15)	① ② ③ ④

解　答　欄				
問題番号	1	2	3	4
2	(16)	① ② ③ ④
	(17)	① ② ③ ④
	(18)	① ② ③ ④
	(19)	① ② ③ ④
	(20)	① ② ③ ④
3	(21)	① ② ③ ④
	(22)	① ② ③ ④
	(23)	① ② ③ ④
	(24)	① ② ③ ④
	(25)	① ② ③ ④

リスニング解答欄				
問題番号	1	2	3	4
例題	① ② ●
第1部	No. 1	① ② ③
	No. 2	① ② ③
	No. 3	① ② ③
	No. 4	① ② ③
	No. 5	① ② ③
	No. 6	① ② ③
	No. 7	① ② ③
	No. 8	① ② ③
	No. 9	① ② ③
	No. 10	① ② ③
第2部	No. 11	① ② ③ ④
	No. 12	① ② ③ ④
	No. 13	① ② ③ ④
	No. 14	① ② ③ ④
	No. 15	① ② ③ ④
第3部	No. 16	① ② ③
	No. 17	① ② ③
	No. 18	① ② ③
	No. 19	① ② ③
	No. 20	① ② ③
	No. 21	① ② ③
	No. 22	① ② ③
	No. 23	① ② ③
	No. 24	① ② ③
	No. 25	① ② ③

キリトリ

くり返し解く場合は、コピーをとってご利用ください。

英検®5級　解答用紙

【注意事項】

①解答にはHBの黒鉛筆（シャープペンシルも可）を使用し、解答を訂正する場合には消しゴムで完全に消してください。

②解答用紙は絶対に汚したり折り曲げたり、所定以外のところへの記入はしないでください。

マーク例

	良い例	悪い例

 これ以下の濃さのマークは読めません。

解　答　欄

問題番号	1	2	3	4
(1)	①	②	③	④
(2)	①	②	③	④
(3)	①	②	③	④
(4)	①	②	③	④
(5)	①	②	③	④
(6)	①	②	③	④
(7)	①	②	③	④
1 (8)	①	②	③	④
(9)	①	②	③	④
(10)	①	②	③	④
(11)	①	②	③	④
(12)	①	②	③	④
(13)	①	②	③	④
(14)	①	②	③	④
(15)	①	②	③	④

解　答　欄

問題番号	1	2	3	4
(16)	①	②	③	④
(17)	①	②	③	④
2 (18)	①	②	③	④
(19)	①	②	③	④
(20)	①	②	③	④
(21)	①	②	③	④
(22)	①	②	③	④
3 (23)	①	②	③	④
(24)	①	②	③	④
(25)	①	②	③	④

リスニング解答欄

問題番号	1	2	3	4
例題	①	②	●	
No. 1	①	②	③	
No. 2	①	②	③	
No. 3	①	②	③	
No. 4	①	②	③	
No. 5	①	②	③	
第1部 No. 6	①	②	③	
No. 7	①	②	③	
No. 8	①	②	③	
No. 9	①	②	③	
No. 10	①	②	③	
No. 11	①	②	③	④
第2部 No. 12	①	②	③	④
No. 13	①	②	③	④
No. 14	①	②	③	④
No. 15	①	②	③	④
No. 16	①	②	③	
No. 17	①	②	③	
No. 18	①	②	③	
第3部 No. 19	①	②	③	
No. 20	①	②	③	
No. 21	①	②	③	
No. 22	①	②	③	
No. 23	①	②	③	
No. 24	①	②	③	
No. 25	①	②	③	

キリトリ

くり返し解く場合は、コピーをとってご利用ください。

英検®5級　解答用紙

マーク例

良い例	悪い例

 これ以下の濃さのマークは
読めません。

解　答　欄

問題番号	1	2	3	4
(1)	①	②	③	④
(2)	①	②	③	④
(3)	①	②	③	④
(4)	①	②	③	④
(5)	①	②	③	④
(6)	①	②	③	④
(7)	①	②	③	④
1　(8)	①	②	③	④
(9)	①	②	③	④
(10)	①	②	③	④
(11)	①	②	③	④
(12)	①	②	③	④
(13)	①	②	③	④
(14)	①	②	③	④
(15)	①	②	③	④

解　答　欄

問題番号	1	2	3	4
(16)	①	②	③	④
(17)	①	②	③	④
2　(18)	①	②	③	④
(19)	①	②	③	④
(20)	①	②	③	④
(21)	①	②	③	④
(22)	①	②	③	④
3　(23)	①	②	③	④
(24)	①	②	③	④
(25)	①	②	③	④

リスニング解答欄

問題番号	1	2	3	4
例題	①	②	●	
No. 1	①	②	③	
No. 2	①	②	③	
No. 3	①	②	③	
第　No. 4	①	②	③	
1　No. 5	①	②	③	
部　No. 6	①	②	③	
No. 7	①	②	③	
No. 8	①	②	③	
No. 9	①	②	③	
No. 10	①	②	③	
第　No. 11	①	②	③	④
2　No. 12	①	②	③	④
No. 13	①	②	③	④
部　No. 14	①	②	③	④
No. 15	①	②	③	④
No. 16	①	②	③	
No. 17	①	②	③	
No. 18	①	②	③	
第　No. 19	①	②	③	
3　No. 20	①	②	③	
部　No. 21	①	②	③	
No. 22	①	②	③	
No. 23	①	②	③	
No. 24	①	②	③	
No. 25	①	②	③	

キリトリ

英検®5級　解答用紙

【注意事項】

①解答にはHBの黒鉛筆（シャープペンシルも可）を使用し、解答を訂正する場合には消しゴムで完全に消してください。

②解答用紙は絶対に汚したり折り曲げたり、所定以外のところへの記入はしないでください。

マーク例

良い例	悪い例	
●	◐ ✕ ◓

 これ以下の濃さのマークは読めません。

解　答　欄

問題番号	1	2	3	4
(1)	①	②	③	④
(2)	①	②	③	④
(3)	①	②	③	④
(4)	①	②	③	④
(5)	①	②	③	④
(6)	①	②	③	④
(7)	①	②	③	④
1 (8)	①	②	③	④
(9)	①	②	③	④
(10)	①	②	③	④
(11)	①	②	③	④
(12)	①	②	③	④
(13)	①	②	③	④
(14)	①	②	③	④
(15)	①	②	③	④

解　答　欄

問題番号	1	2	3	4
(16)	①	②	③	④
(17)	①	②	③	④
2 (18)	①	②	③	④
(19)	①	②	③	④
(20)	①	②	③	④
(21)	①	②	③	④
(22)	①	②	③	④
3 (23)	①	②	③	④
(24)	①	②	③	④
(25)	①	②	③	④

リスニング解答欄

問題番号	1	2	3	4
例題	①	②	●	
No. 1	①	②	③	
No. 2	①	②	③	
No. 3	①	②	③	
第 No. 4	①	②	③	
1 No. 5	①	②	③	
部 No. 6	①	②	③	
No. 7	①	②	③	
No. 8	①	②	③	
No. 9	①	②	③	
No. 10	①	②	③	
第 No. 11	①	②	③	④
2 No. 12	①	②	③	④
No. 13	①	②	③	④
部 No. 14	①	②	③	④
No. 15	①	②	③	④
No. 16	①	②	③	
No. 17	①	②	③	
No. 18	①	②	③	
第 No. 19	①	②	③	
3 No. 20	①	②	③	
No. 21	①	②	③	
部 No. 22	①	②	③	
No. 23	①	②	③	
No. 24	①	②	③	
No. 25	①	②	③	

キリトリ

くり返し解く場合は、コピーをとってご利用ください。

英検®5級　解答用紙

【注意事項】

①解答にはHBの黒鉛筆（シャープペンシルも可）を使用し、解答を訂正する場合には消しゴムで完全に消してください。

②解答用紙は絶対に汚したり折り曲げたり、所定以外のところへの記入はしないでください。

マーク例	良い例	悪い例
	●	◑ ✗ ◓

 これ以下の濃さのマークは読めません。

解 答 欄

問題番号	1	2	3	4
	(1)	① ② ③ ④
	(2)	① ② ③ ④
	(3)	① ② ③ ④
	(4)	① ② ③ ④
	(5)	① ② ③ ④
	(6)	① ② ③ ④
	(7)	① ② ③ ④
1	(8)	① ② ③ ④
	(9)	① ② ③ ④
	(10)	① ② ③ ④
	(11)	① ② ③ ④
	(12)	① ② ③ ④
	(13)	① ② ③ ④
	(14)	① ② ③ ④
	(15)	① ② ③ ④

解 答 欄

問題番号	1	2	3	4
	(16)	① ② ③ ④
	(17)	① ② ③ ④
2	(18)	① ② ③ ④
	(19)	① ② ③ ④
	(20)	① ② ③ ④
	(21)	① ② ③ ④
	(22)	① ② ③ ④
3	(23)	① ② ③ ④
	(24)	① ② ③ ④
	(25)	① ② ③ ④

リスニング解答欄

	問題番号	1	2	3	4
	例題	① ② ●
	No. 1	① ② ③
	No. 2	① ② ③
	No. 3	① ② ③
第	No. 4	① ② ③
1	No. 5	① ② ③
部	No. 6	① ② ③
	No. 7	① ② ③
	No. 8	① ② ③
	No. 9	① ② ③
	No. 10	① ② ③
第	No. 11	① ② ③ ④
2	No. 12	① ② ③ ④
	No. 13	① ② ③ ④
部	No. 14	① ② ③ ④
	No. 15	① ② ③ ④
	No. 16	① ② ③
	No. 17	① ② ③
	No. 18	① ② ③
第	No. 19	① ② ③
	No. 20	① ② ③
3	No. 21	① ② ③
部	No. 22	① ② ③
	No. 23	① ② ③
	No. 24	① ② ③
	No. 25	① ② ③

キリトリ

くり返し解く場合は、コピーをとってご利用ください。

英検®5級　解答用紙

【注意事項】

①解答にはHBの黒鉛筆（シャープペンシルも可）を使用し、解答を訂正する場合には消しゴムで完全に消してください。

②解答用紙は絶対に汚したり折り曲げたり、所定以外のところへの記入はしないでください。

マーク例

良い例	悪い例	
●	◐ ✗ ◑	

 これ以下の濃さのマークは読めません。

解　答　欄				
問題番号	1	2	3	4
(1)	①	②	③	④
(2)	①	②	③	④
(3)	①	②	③	④
(4)	①	②	③	④
(5)	①	②	③	④
(6)	①	②	③	④
(7)	①	②	③	④
1　(8)	①	②	③	④
(9)	①	②	③	④
(10)	①	②	③	④
(11)	①	②	③	④
(12)	①	②	③	④
(13)	①	②	③	④
(14)	①	②	③	④
(15)	①	②	③	④

解　答　欄				
問題番号	1	2	3	4
(16)	①	②	③	④
(17)	①	②	③	④
2　(18)	①	②	③	④
(19)	①	②	③	④
(20)	①	②	③	④
(21)	①	②	③	④
(22)	①	②	③	④
3　(23)	①	②	③	④
(24)	①	②	③	④
(25)	①	②	③	④

リスニング解答欄				
問題番号	1	2	3	4
例題	①	②	●	
No. 1	①	②	③	
No. 2	①	②	③	
No. 3	①	②	③	
第1部　No. 4	①	②	③	
No. 5	①	②	③	
No. 6	①	②	③	
No. 7	①	②	③	
No. 8	①	②	③	
No. 9	①	②	③	
No. 10	①	②	③	
No. 11	①	②	③	④
第2部　No. 12	①	②	③	④
No. 13	①	②	③	④
No. 14	①	②	③	④
No. 15	①	②	③	④
No. 16	①	②	③	
No. 17	①	②	③	
No. 18	①	②	③	
第3部　No. 19	①	②	③	
No. 20	①	②	③	
No. 21	①	②	③	
No. 22	①	②	③	
No. 23	①	②	③	
No. 24	①	②	③	
No. 25	①	②	③	

キリトリ

くり返し解く場合は、コピーをとってご利用ください。

別冊 解答・解説

矢印の方向に引くと切り離せます。